BIBLIOTHÈQUE DE BONS ROMANS ILLUSTRÉS

DIANE ET BLANCHE

Troisième partie

DES VIVEURS DE PROVINCE

PAR XAVIER DE MONTÉPIN.

Prix : 50 centimes.

PARIS

ALEXANDRE CADOT, ÉDITEUR

37, RUE SERPENTE, 37

LES VIVEURS DE PROVINCE

TROISIÈME PARTIE

PAR XAVIER DE MONTÉPIN.

DIANE ET BLANCHE

— SUITE —

VI

Le Cercle du Commerce et des Arts.

Gontran, — nous l'avons dit et répété plus d'une fois, — était joueur jusqu'à la moelle des os. — Le jeu, bien plus encore que la débauche, avait dévoré la part la plus considérable de la succession maternelle échue au jeune homme.

Assis devant un tapis vert et les cartes à la main, Gontran perdait véritablement la tête. — Il jouait avec une frénésie furieuse tout ce qu'il avait et tout ce qu'il n'avait pas. — Il aurait joué son nom, il aurait joué son âme, il aurait joué son honneur, s'il avait rencontré des gens disposés à risquer une somme quelconque contre de semblables enjeux.

La maison dans laquelle le vicomte de Presles passait les trois quarts de sa vie pour satisfaire son indomptable passion, tenait le milieu entre le club et la maison de jeu clandestine.

Située dans l'un des beaux quartiers de la ville et installée avec un certain luxe, elle prenait ostensiblement le nom de *Cercle du commerce et des arts.*

Ce titre pompeux et menteur était une sorte d'enseigne destinée à cacher sa spécialité véritable.

Les membres du cercle, au nombre de cinquante à soixante, payaient une cotisation annuelle assez forte, défrayant les dépenses faites dans l'intérêt du bien-être général.

Ces clubistes étaient pour la plupart des jeunes gens de réputation plus que douteuse.

Quelques-uns appartenaient à des familles honorables et riches dont ils faisaient, par leur conduite, le désespoir et la honte.

D'autres, — et c'était le plus grand nombre, — véritables chevaliers d'industrie, trouvaient moyen d'avoir toujours de l'or dans leurs poches, sans qu'il fût possible de deviner d'où venait cet or. — Personne ne songeait à leur demander l'explication de leur inexplicable opulence. — Lorsqu'ils avaient joué et perdu, ils payaient comptant et de fort bonne grâce.

— Il eût semblé très-ridicule de songer seulement à exiger d'eux quelque chose de plus.

Pour faire partie du *Cercle du commerce et des arts*, il fallait subir les formalités d'admission usitées dans tous les établissements du même genre, c'est-à-dire formuler sa demande sous le patronage de deux membres. — On procédait ensuite par la voie du scrutin à l'admission ou au rejet du candidat.

Chacun des clubistes avait le droit de présenter et de faire admettre, sans formalités d'aucune sorte, un ou deux étrangers de sa connaissance se trouvant momentanément à Toulon et ne devant pas y faire un assez long séjour pour songer à devenir membres du Cercle.

Quelques jeunes officiers de la marine militaire et quelques vieux capitaines de la marine marchande profitaient assez volontiers de ce privilège temporaire qui leur donnait la facilité de perdre leur argent au Cercle plus vite qu'ils ne l'auraient fait partout ailleurs.

Voici maintenant comment les choses se passaient dans l'intérieur du Cercle.

Pendant toute la journée, et pendant la première partie de la soirée, les distractions offertes aux membres du club et aux étrangers présentés par eux étaient calmes, modestes, patriarcales en quelque sorte.

Les journaux, — le billard, — les échecs, — le wisth et le boston en faisaient tous les frais.

Mais, un peu après onze heures du soir, un changement à vue métamorphosait le Cercle paisible en une véritable succursale des *enfers* de Londres.

Les portes étaient rigoureusement fermées et ne s'ouvraient plus que pour les habitués munis d'un mot de passe. — Le lansquenet, le baccarat, le vingt-et-un, les jeux de hasard enfin, s'emparaient de toutes les tables et régnaient en maîtres. — L'or et les billets de banque encombraient les tapis verts, et, chaque nuit, des sommes considérables, quelquefois même exorbitantes, changeaient de propriétaires.

Nous devons ajouter que le jeu n'était habituellement rien moins que loyal.

Sans doute on ne faisait point usage de cartes biseautées, et rarement un élève émérite de Comus ou de Bosco introduisait au lansquenet ou au baccarat une *portée* frauduleuse ; mais tous les moyens semblaient de bonne guerre quand ils avaient pour but de vider les poches de quelque dupe facile à dépouiller, comme Gontran de Presles ou les étrangers admis sur une simple présentation et ne faisant partie du Cercle que pour un temps limité.

Alors, d'amples libations de punch et de vin de Champagne précédaient les parties, et les victimes désignées avaient perdu, sinon leur raison, du moins leur sang-froid, au moment où elles s'asseyaient autour des tables du tripot.

Avec des adversaires ainsi désarmés pour le combat, la victoire n'était que trop certaine.

Disons-le en passant, depuis que les derniers lambeaux de sa fortune avaient disparu, pièce d'or par pièce d'or, entre des mains avides et pillardes, Gontran ne faisait plus partie des victimes.

Un vieux poëte l'a posé en principe dans ces deux vers devenus proverbe :

> On commence par être dupe,
> On finit par être fripon !

Le vicomte de Presles ne s'était point arrêté sur ces degrés glissants qu'on descend presque toujours jusqu'au dernier, dès qu'on a posé le pied sur la marche fatale.

Devenu maintenant l'associé des plus éhontés flibustiers du cercle, qu'unissait entre eux la franc-maçonnerie de la déloyauté, il partageait avec ces nouveaux chevaliers du lansquenet les plumes arrachées aux pigeons sans défiance que leur mauvaise étoile et leurs fâcheux instincts envoyaient aux serres des vautours.

Voilà où en était arrivé ce malheureux jeune homme, dernier et déplorable rejeton d'une grande et noble race !!...

Hélas ! le vicomte de Presles devait tomber plus bas encore !...

Un jour, — deux ou trois semaines avant l'entretien de Marcel de Labardès et de Raoul de Simeuse, entretien rapporté par nous dans le cours du précédent chapitre, — Gontran arriva au cercle vers les quatre heures de l'après-midi.

Le jeune homme était bien changé, et, quoi qu'il atteignît à peine sa trente-troisième année, son visage flétri portait ces empreintes fatales qui trahissent les passions mauvaises, et surtout les nuits d'insomnies passées autour d'une table de jeu.

Sa chevelure clair-semée et à laquelle se mêlaient, avant l'âge, de nombreux cheveux blancs, laissait le sommet de la tête presque complètement à découvert.

Les paupières étaient rougies et gonflées. — Les rides en éventail de la patte d'oie se dessinaient aux angles des yeux. — Une contraction nerveuse soulevait sans cesse les coins de la bouche. — Les pommettes saillantes des joues pâles se marbraient de taches d'un rouge vif.

Une barbe épaisse et que Gontran portait dans toute sa longueur, encadrait cette figure dévastée, mais belle encore malgré les stygmates que nous venons de signaler.

La tenue du jeune homme n'avait rien perdu de son irréprochable correction. — Gontran ne conservait d'amour-propre que pour deux choses : — l'élégance de ses vêtements et la pureté de race des chevaux qu'il montait.

Ses chevaux appartenant aux écuries de son père qui soldait aussi sans difficultés les mémoires de son tailleur, le vicomte pouvait satisfaire tout à son aise ses dernières vanités.

Il fut accueilli chaudement avec les démonstrations les plus vives par cinq ou six jeunes gens qui fumaient, étendus sur les divans, dans un petit salon.

Ces jeunes gens, appartenant pour la plupart à des familles commerçantes, étaient fiers d'être les amis intimes et les compagnons inséparables d'un grand seigneur comme le vicomte.

Ils savaient d'ailleurs qu'à une époque sans doute assez prochaine, Gontran serait, par la mort de son père, en possession d'une seconde fortune à dévorer, et ils fêtaient de leur mieux l'héritier futur, afin de prendre une large part à la curée de l'héritage à venir.

Gontran acceptait toutes ces démonstrations comme argent comptant, et il croyait aveuglément à la vive sympathie et à l'attachement sans bornes de tous les mauvais drôles qui se faisaient ses courtisans.

— Eh bien ! messieurs ? — demanda-t-il, — après avoir rendu les poignées de main, en allumant un cigare et en se jetant sur une dormeuse, — depuis deux jours que je ne suis venu céans, qu'y a-t-il de nouveau au cercle et dans la bonne ville de Toulon ?...

— Une chose intéressante pour nous, — répondit un des jeunes gens.

— Quelle est cette chose ?

— L'arrivée d'un étranger de distinction que Simonis doit nous amener ce soir.

— Qu'est-ce que c'est que cet étranger ?

— Un Parisien.

— Qui s'appelle ?

— Le baron de Polart.

— Que vient-il faire à Toulon ?

— Il y passe quelques jours seulement, en allant en Afrique.

— En Afrique ?... c'est donc un officier, ce baron ?...

— Pas le moins du monde. — Il paraît que c'est un spéculateur et qu'il a obtenu du gouvernement d'immenses concessions de terrains en Algérie.

— A merveille. — Mais que nous importent ce monsieur et ses concessions ?...

— Il nous importe beaucoup. — Le baron de Polart est joueur.

— Je ne tiens pas beaucoup, je l'avoue, à lui gagner ses terrains...

— Sans doute, mon cher vicomte, mais peut-être tenez-vous à lui gagner ses billets de banque et ses rouleaux d'or...

— Il en a donc ?

— Énormément.

— Comment le sait-on ?...

— De la façon la plus naturelle. — Simonis était dans les bureaux de la maison de banque Rieux, Chotel et Cⁱᵉ, quand M. de Polart est venu toucher le montant d'une lettre de crédit de cent mille francs...

— Cent mille francs!!... — s'écria Gontran.
— Mon Dieu oui, et Simonis affirme que cette lettre de crédit n'est pas la seule, et que le portefeuille du Parisien est bourré de chiffons de même valeur...
— Ah! Diable!...
— Commencez-vous à trouver que la chose soit intéressante pour nous, mon cher vicomte?...
— Oui, oui, vous aviez raison, mes amis. — Il ne faut pas, si nous pouvons l'empêcher, que ce bel et bon argent sorte de Toulon!... Au diable la colonisation de l'Algérie!... Je suis Français, mon pays avant tout!...
— Bravo, vicomte!... — dirent tous les jeunes gens en riant bruyamment. — C'est bien parler, cela!...
Gontran reprit.
— Mais Simonis ne connaissait pas ce monsieur... — Comment fera-t-il pour nous l'amener?...
— Simonis, qui n'est point bête, a compris tout de suite qu'on pouvait tirer parti d'un homme qui possède des lettres de crédit de cent mille francs. — Il s'est informé. — Le baron de Polart loge à l'*hôtel de la Marine royale*, et mange à table d'hôte. — Avant-hier et hier Simonis est allé dîner à la même table et s'est arrangé de façon à être le voisin du capitaliste.
— Ils ont causé. — Le baron s'est plaint de ne savoir comment passer ses soirées, — il déteste le spectacle et il adore les cartes. — Simonis a parlé du cercle et il a fait à M. de Polart l'offre de le présenter, offre acceptée avec reconnaissance. — La présentation a lieu ce soir. — et tout ceci, comme vous voyez, mon cher vicomte, est d'une simplicité enfantine.
— Très-simple, en effet, — répondit Gontran, — et très-adroitement conduit. — seulement...
— Seulement, quoi?...
— Ce n'est pas avec des canots qu'on attaque victorieusement une frégate... — Pour lutter à chances égales contre les cent mille francs du Parisien, il faudrait avoir beaucoup d'or... — En avons-nous?...
Les jeunes gens se regardèrent.
— J'ai mille francs dans ma poche... — dit l'un.
— Moi, huit cents.
— Moi, six cents...
Les autres accusèrent des sommes insignifiantes.
— Moi, — fit Gontran en visitant son porte-monnaie, — j'ai quelque chose comme une trentaine de louis... — Tout cela, messieurs, c'est bien peu...
— Bah! — répliqua l'un des interlocuteurs du jeune homme, — avec beaucoup de prudence et beaucoup d'adresse, on vient à bout de tout... — Il ne s'agit que de faire une brèche... — par cette brèche, les monceaux d'or s'écouleront... — Ne vous souvenez-vous pas que la Hollande fut inondée et faillit périr parce que des rats avaient percé les digues?...
— Enfin, — reprit le vicomte de Presles, — nous ferons pour le mieux, et nous n'aurons du moins rien à nous reprocher si nous ne réussissons pas!...

VII

Le baron de Polart.

Dans le courant de la soirée, le personnage impatiemment attendu et sur la bourse duquel on fondait de si belles espérances, fut amené et présenté par le jeune Toulonnais qui répondait au nom bizarre de Siméon Simonis.
Le baron Achille de Polart était un de ces hommes qui déplaisent souverainement aux gens dont le goût est quelque peu artistique, mais qu'un nombre considérable de femmes trouvent admirablement beaux.
Il paraissait âgé de trente-huit ou trente-neuf ans, quoiqu'en réalité il eût dépassé depuis longtemps déjà le cap néfaste de la quarantaine.
Sa taille était celle d'un tambour-major et sa force devait être prodigieuse. — Sa poitrine puissante se bombait sous des gilets en forme de cuirasse dont les vives couleurs attiraient le regard. — Autour de son cou d'Hercule Farnèse se nouaient des cravates d'un vert-émir ou d'un bleu-saphir, fixées par une épingle en diamant que les connaisseurs estimaient tout au bas mot cinq cents louis.
Ses pieds, toujours chaussés de bottes vernies irréprochables, étaient trop gros. — Ses mains, enfermées dès le matin dans des gants d'une couleur claire et d'une incomparable fraîcheur, étaient trop courtes et trop larges.
Ces extrémités communes et plébéiennes s'accordaient mal avec l'aristocratique origine du baron de vieille souche.
Le visage de M. de Polart offrait des traits d'une grande régularité, mais peu expressifs. — Des favoris d'un noir bleuâtre, taillés à l'anglaise, tranchaient vigoureusement sur les tons roses de ses joues. — Une chevelure à reflets luisants couronnait un front bas et déprimé.
Tel que nous venons de le décrire, le baron de Polart ressemblait à ce journaliste italien connu de tout le monde à Paris, et qu'on accuse, à tort ou à raison, de teindre sa barbe et ses cheveux et de mettre du blanc et du rouge.
Ajoutons que le baron portait à la boutonnière de sa redingote ou de son habit, ou même de sa robe de chambre, une demi-douzaine de décorations, parmi lesquelles cependant le ruban rouge de la Légion d'honneur ne brillait que par son absence.
M. de Polart avait mérité ces ordres, — disait-il, — par de nombreux services rendus aux puissances étrangères. — Il ne s'expliquait point d'ailleurs sur la nature de ces services.
Le Parisien et ses décorations multiples furent accueillis au *Cercle du commerce et des arts* avec la considération très-haute que les uns et les autres méritaient.
Siméon Simonis présenta sa nouvelle conquête aux principaux clubistes et notamment au vicomte Gontran de Presles.
En homme de bonne compagnie et qui connaît son armorial sur le bout du doigt, M. de Polart témoigna sa joie vive de l'honneur qu'il recevait, et il entretint longuement Gontran des illustrations et des alliances de la famille des comtes de Presles.
Il hasarda même quelques mots, dans la chaleur de la conversation, à propos d'une parenté lointaine et nuageuse, entre les de Presles et les Polart, parenté résultant de l'union, au quinzième siècle, d'un comte de Presles et d'une demoiselle de Polart.
— Lors de mon plus prochain voyage à Paris, — dit-il à Gontran, — j'aurai l'honneur d'extraire de mon chartrier et de vous faire parvenir la pièce authentique qui constate l'union dont je viens de parler...
L'alliance ainsi révélée semblait à Gontran tout au moins fort douteuse, mais il se garda bien de laisser en reste de politesse, et, ne voulant point se trouver en reste de politesse avec le baron, il affirma qu'il avait souvent entendu parler des Polart, dont, en réalité, le matin de ce même jour il ne soupçonnait nullement l'existence.
— Eh bien! messieurs, — dit Simonis, — je propose d'improviser un souper que nous offrirons à M. le vicomte de Presles et à M. le baron de Polart, et de célébrer ainsi l'heureuse et cordiale réunion de deux parents dignes de se connaître et qui ne se connaissaient pas.
Avons-nous besoin d'ajouter que cette motion, assurément fort habile, fut acceptée avec la plus complète unanimité et reçut une mise à exécution immédiate.
Des viandes froides, des pâtisseries, des fruits et des sucreries composèrent un ambigu très-présentable, auquel tous les convives, sans exception, firent grand honneur, ainsi qu'aux vins capiteux du Rhône et à la liqueur ambrée et mousseuse des coteaux de Saint-Péray et des vignobles illustres d'Ay et d'Épernay.
Le baron, stimulé par des toasts incessants, but plus que personne et ne tarda guère à paraître assez notablement étourdi.
Le moment qu'on attendait pour se mettre au jeu était arrivé.
M. de Polart prit place à une table de baccarat et, vers les trois heures du matin, il avait perdu et payé, de l'air du monde le plus parfaitement désintéressé, cinq ou six mille francs. — En revanche, il avait recouvré tout son sang-froid.

— Messieurs, — fit-il en se levant, après un dernier coup qui venait de lui enlever vingt-cinq louis pour les jeter dans la poche de Gontran, — je vous remercie de la charmante soirée que vous venez de me faire passer, et je vous souhaite le bonjour à tous.

— Eh quoi! monsieur le baron, vous partez déjà? — s'écrièrent plusieurs voix. — Que ne restez-vous encore un peu?... la chance va tourner, sans doute...

— Je n'en crois rien, — répondit le Parisien en riant, — cette nuit, mon étoile est voilée, et je me suis toujours trouvé mal de m'entêter contre la mauvaise veine.

— Mais nous nous reverrons?

— Ceci ne fait pas l'ombre d'un doute.

— Bientôt?

— Ce soir même, car nous sommes au lendemain d'hier, et je vous demanderai ma revanche de la partie que j'abandonne...

— C'est parfaitement convenu, — répliqua Gontran, — et j'espère bien que, moins heureux et plus hospitaliers, nous n'aurons pas, comme cette nuit, le chagrin de vous dépouiller...

Le baron fit un geste insouciant.

— Ah! monsieur le vicomte, — dit-il, — je vous en prie, ne pensez pas à cette bagatelle... — Rien ne me semblerait plus effroyablement monotone qu'un jeu où je gagnerais toujours...

Après avoir formulé d'un ton convaincu le petit aphorisme qui précède, M. de Polart salua et sortit.

Nous nous abstiendrons de reproduire les réflexions qui furent échangées entre les membres du cercle après son départ, et les félicitations enthousiastes que Siméon Simonis recueillit de toutes parts.

Le soir, à la même heure que la veille, le baron reparut.

— Comme la veille, il perdit cinq ou six mille francs de la meilleure grâce du monde, et, sans paraître même contrarié de cette perte nouvelle, il se retira en annonçant qu'il reviendrait solliciter sur de nouveaux frais la chance qui se déclarait si obstinément contre lui.

Dans l'après-midi du lendemain, M. de Polart reçut la visite de Gontran de Presles.

Le jeune homme avait réfléchi qu'au lieu de partager avec une douzaine de membres du cercle les dépouilles opimes du baron, il serait beaucoup plus simple et beaucoup plus avantageux d'exploiter à lui seul la déveine du joueur malheureux.

On eût dit que M. de Polart devinait les désirs de son visiteur et qu'il avait à cœur de les satisfaire, car, au bout d'une demi-heure de conversation, il demanda :

— Monsieur le vicomte, jouez-vous au piquet?

— Assez souvent, — répliqua le jeune homme.

— Puis-je vous proposer une partie?

— Je l'accepte avec le plus grand plaisir.

M. de Polart fit monter des cartes.

Gontran, qui se croyait de première force, se frottait les mains.

— Nous intéresserons la partie, sans doute? — dit-il avec une indifférence fort habilement simulée.

— Certes!...

— Quel est votre jeu?

— Le vôtre.

— Eh bien! monsieur le baron, vingt-cinq louis si vous voulez?

— A merveille, monsieur le vicomte...

Gontran gagna les deux premières parties. — Il ne se sentait pas de joie.

Cette joie fut de courte durée. — La chance tourna et le jeune homme perdit, en moins de deux heures, tout l'or qu'il avait dans ses poches et qui représentait la presque totalité de ses gains des nuits précédentes.

— Monsieur le baron, — fit-il en se levant, — restons-en là quant à présent, je vous prie.

— Ne voulez-vous donc point continuer?

— Cela m'est impossible.

— Pourquoi?

— Ne prévoyant pas que j'aurais le plaisir de faire votre partie, je n'avais sur moi qu'une somme minime...

— Est-ce à dire que vous êtes momentanément à sec?

— Précisément.

— Eh bien! qu'importe?... — Jouez sur parole, monsieur le vicomte. — Votre parole vaut, pour moi, tous les billets de banque de la terre...

Gontran se rassit à la place qu'il venait de quitter. — Il se remit à jouer, il continua à perdre, et, grossissant les enjeux dans l'espoir toujours déçu de se rattraper, il en arriva à devenir débiteur de M. de Polart pour une somme de douze mille francs.

La cloche de l'hôtel sonnait le dîner de table d'hôte.

— Monsieur le vicomte, — dit le Parisien, — je suis obligé de vous quitter, mais je serai fort heureux, demain, de vous offrir votre revanche...

— Que j'accepte, — répliqua Gontran en s'efforçant de sourire, tandis que la sueur froide de l'angoisse perlait sur son front.

— J'espère, — continua le baron, — que cette revanche sera complète et que je n'aurai pas, comme aujourd'hui, le chagrin de vous voir sans cesse poursuivi par la mauvaise chance...

— Vous l'avez dit vous-même, monsieur, — répliqua le vicomte, — rien ne vous semblerait plus monotone qu'un jeu où vous gagneriez toujours... — Mon opinion, à cet égard, est entièrement conforme à la vôtre, en ce qui me concerne...

— Qu'ai-je perdu, d'ailleurs? Une quinzaine de mille francs, tout au plus, et cette somme est une bagatelle insignifiante...

— A demain, monsieur le baron...

Gontran serra la main de M. de Polart, — quitta l'hôtel, — fit brider son cheval et reprit le chemin du château de Presles.

Tout en excitant avec la cravache et avec l'éperon sa monture qui dévorait l'espace, le jeune homme s'efforçait vainement de trouver une issue à la situation dans laquelle il venait de se placer et qui lui semblait complètement inextricable.

Comment faire, en effet, pour payer M. de Polart, et de quelle façon s'y prendre pour ne point le payer?

Tout le monde connaît les phénomènes étranges de la folie que fait naître dans le cerveau la fièvre et la passion du jeu.

La dette de jeu, pour le joueur de profession, devient véritablement sacrée, quoiqu'elle soit — (selon nous qui ne sommes pas joueur), — tout ce que l'on peut imaginer de moins respectable.

Combien de gens, pour acquitter sans retard une dette de cette nature, laissent en souffrance des créances légitimes et sérieuses, et parfois imposent à leur famille des privations féroces.

On a vu des commerçants — (qui cependant passaient pour honorables), — laisser les huissiers protester leur signature plutôt que de ne pas solder dans les vingt-quatre heures leurs créanciers de la bouillotte et du baccarat.

Certains fanatiques de cet incompréhensible point d'honneur voleraient afin de payer avec le produit de leur vol.

Gontran ne gardait même plus cette délicatesse bizarre et frelatée des gens qui, souvent, n'en ont pas conservé d'autre.

Aucune dette n'était regardée par lui comme un engagement d'honneur, et il ne faisait nulle exception pour celles dont le jeu avait été la cause.

Payer le baron de Polart! — La chose en elle-même lui semblait de peu d'intérêt, mais il envisageait avec une profonde épouvante les résultats du non payement.

Le premier, le plus inévitable de ces résultats était de le déconsidérer d'une façon absolue vis-à-vis de tous les membres du cercle. — Les moins scrupuleux eux-mêmes voteraient, dans l'intérêt général, l'exclusion d'un homme dangereux au plus haut point, puisqu'il ne payait pas quand il avait perdu..,

Or, lui, Gontran, vicomte de Presles, honteusement banni d'un cercle de fils de banquiers et de commerçants, c'était à se faire sauter la cervelle!...

En outre, pour tenter de nouveau la fortune, pour conjurer la mauvaise chance et pour pointer ses batteries contre les billets de banque du baron de Polart, il fallait avant tout solder les douze mille francs si follement perdus.

Mais ces douze mille francs où les prendre ?...

Recourir au général ? — S'adresser à Georges Herbert ? — il n'y fallait pas songer. — D'un côté aussi bien que de l'autre, une demande insensée comme celle-là n'obtiendrait qu'un refus motivé, accompagné sans doute d'une longue remontrance...

Emprunter ? — mais à qui ? — Le crédit de Gontran à Toulon était usé jusqu'à la corde. — Bien loin de trouver douze mille francs, le jeune homme ne viendrait peut-être pas à bout de s'en faire prêter douze cents...

De quelque côté que le vicomte se tournât, il se heurtait contre des impossibilités matérielles, contre des obstacles infranchissables.

Et cependant, au moment où son cheval tout blanc d'écume allait s'engager dans l'avenue séculaire du château de Presles, un sourire vint illuminer la figure de Gontran, qui murmura :

— Demain, j'aurai payé !... — demain, je prendrai ma revanche !.. Demain, je gagnerai !!...

VIII

Pris au piège.

— Demain j'aurai payé ! — demain je prendrai ma revanche !! — demain je gagnerai !! — s'écriait Gontran au moment où il arrivait au château de Presles.

Pour s'exprimer avec une aussi complète assurance le jeune homme avait les meilleures de toutes les raisons. — Il venait de prendre un grand parti. — Il était parfaitement décidé à violenter la fortune, puisque la fortune le traitait en ennemi et se refusait avec obstination à lui accorder ses faveurs.

Rien de plus simple, d'ailleurs, que les moyens qu'il se proposait d'employer pour arriver au résultat convoité.

Nous allons assister à la mise en œuvre de ces moyens.

Gontran, — nous le savons, — n'avait rien conservé, depuis longtemps déjà, de sa fortune personnelle. — Chaque mois il recevait de son père une somme de cinq cents francs, à titre d'argent de poche.

Ces vingt-cinq louis, toujours dévorés à l'avance, étaient, dans le gouffre des ruineuses folies du jeune homme, ce qu'est une goutte d'eau dans la mer.

Gontran n'en touchait pas moins cette pension minime, avec la plus scrupuleuse exactitude.

Ce même soir il en demanda l'avance au général, qui ne se fit point prier pour le satisfaire et qui lui tendit une pile de pièces d'or.

— Mon père, — lui dit le jeune homme, — je préférerais un bon sur votre banquier... — J'ai précisément une somme de cinq cents francs à payer demain à Toulon et je pourrais envoyer ce *bon* par la poste...

M. de Presles prit dans son secrétaire un petit livre à souche, contenant des mandats tout préparés sur la maison Rieux, Chotel et C*ⁱᵉ*, chez laquelle il avait des fonds considérables.

Il détacha l'un des mandats. — Il inscrivit dans les deux endroits laissés en blanc à cet effet, la somme de *cinq cents francs*, d'abord en chiffres, puis en toutes lettres, — il signa, d'une écriture indécise et tremblée, car sa main n'écrivait plus facilement, et il remit à Gontran cette sorte de lettre de change payable à vue et au porteur.

Le jeune homme tenait désormais le premier et le plus indispensable des *outils* nécessaires à la réalisation de son plan.

Muni du chiffon de papier qui portait en tête la raison sociale : *Rieux, Chotel et C*ⁱᵉ, et plus bas la signature du comte de Presles, il s'enferma dans sa chambre, — il prépara de l'encre, des plumes, de la poudre de sandaraque, — il s'arma d'un grattoir et il commença, avec une habileté effrayante pour un coup d'essai, l'opération ténébreuse du faussaire de profession.

Au bout de moins d'une heure il avait achevé sa tâche.

Les chiffres et les lettres du mandat indiquaient, non plus une somme de cinq cents francs, mais une somme de cinquante mille francs.

Le changement de place d'une virgule, — l'addition de deux zéros, — le grattage des mots : *cinq cents*, — leur remplacement par les mots : *cinquante mille*, avaient suffi pour centupler la valeur apparente du mandat.

Un examen attentif et surtout défiant pouvait seul révéler la fraude.

Sans doute le caissier de la maison de banque n'aurait payé qu'après cet examen long et minutieux un bon au porteur d'une telle importance, mais Gontran comptait bien que ce bon n'irait jamais jusqu'aux bureaux de MM. Rieux, Chotel et C*ⁱᵉ*.

Sa funeste besogne terminée, le vicomte de Presles en commença sur-le-champ une autre non moins dangereuse et non moins coupable.

L'artiste aime à s'entourer d'objets d'art et de curiosité. — Le chasseur se complaît au milieu des fusils de Devisme ou de Lefaucheux, — l'amateur d'équitation collectionne les brides, les cravaches, les étriers, les éperons...

Comme le cavalier, comme le chasseur, comme l'artiste, le joueur chérit les sources de ses jouissances vives et fiévreuses. — Même dans la solitude il trouve du plaisir à manier les cartes ou à faire résonner les dés dans leur cornet...

Gontran avait donc des cartes chez lui.

Il en prit un paquet dont il brisa l'enveloppe. — Il les éparpilla devant lui et il passa une partie de la nuit à leur faire subir cette opération qu'on appelle le *biseautage*.

Avec de la pierre ponce il frotta longuement l'épiderme de la partie intérieure du bout des doigts de sa main droite, afin d'augmenter dans une proportion énorme la délicatesse et la sensibilité du tact.

Ces soins préliminaires accomplis, il fit une sorte de répétition générale des parties qu'il comptait jouer le lendemain, s'exerçant à donner, sans se tromper jamais, à son adversaire et à lui-même, le jeu qui devait métamorphoser pour lui la lutte en un triomphe continuel.

Satisfait de son habileté et sûr d'avance de la victoire, le jeune homme se jeta sur son lit afin de dormir pendant quelques heures, mais nous devons déclarer, à sa louange, qu'il lui fut complètement impossible de trouver le sommeil, et qu'au moment où les premières clartés de l'aube vinrent blanchir l'horizon et jeter dans sa chambre un jour pâle et douteux, ses yeux ne s'étaient pas fermés un instant.

D'où provenait cette insomnie ?

Était-ce le remords anticipé qui la causait ?..

Nous ne le croyons pas, mais enfin il nous paraît consolant de constater que le dernier héritier d'une race héroïque, n'allait point mettre le pied dans le crime sans éprouver au moins un peu de trouble et d'agitation.

Par malheur, ni cette agitation ni ce trouble n'allèrent jusqu'à faire hésiter Gontran, — Sa détermination était irrévocable. — D'ailleurs la situation dans laquelle il avait été fatalement placé par son imprudence, lui semblait n'avoir qu'une issue...

C'est par cette issue qu'il s'échappait.

§

Immédiatement après le déjeuner de famille, le jeune homme monta à cheval et prit le chemin de Toulon.

Vers deux heures, il entrait à l'hôtel de la Marine dans l'appartement de M. de Polart.

Ce dernier vint à lui, la main étendue et le sourire aux lèvres.

Gontran répondit par la poignée de main la plus affectueuse et par le sourire le plus cordial.

Ces deux hommes ressemblaient à deux amis, profondément attachés l'un à l'autre et parfaitement heureux de se revoir.

— Monsieur le baron, — demanda Gontran, — êtes-vous allé hier soir au cercle ?...

— J'y ai passé deux ou trois heures, — répondit M. de Polart.

— Vous avez joué ?...

— Sans jouer peut-on vivre un jour ? — chanta le baron, parodiant ainsi un vers bien connu d'opéra-comique.

— Avez-vous eu meilleure chance que dans le cours des soirées précédentes?
— Oui et non.
— Comment?
— Je veux dire que j'ai obtenu un résultat qui n'était ni bon ni mauvais, mais complètement négatif... — Après des alternatives de pertes et de gains je me suis trouvé n'avoir rien gagné ni rien perdu au moment où je quittais le jeu...
— Rien ne me semble plus ennuyeux que ce *statu quo* et j'espère bien qu'aujourd'hui la chance se déclarera pour ou contre moi, au lieu de flotter indécise entre nous deux sans se fixer d'aucun côté, comme une coquette qui promet ses bonnes grâces à tout le monde et qui ne les accorde à personne...
— La comparaison est ingénieuse! dit Gontran en riant.
— Elle est du moins très-juste. — Quand il vous plaira de commencer, monsieur le vicomte, je suis à vos ordres...
— Aussitôt que vous le voudrez, monsieur le baron, — mais d'abord, je vous prie, réglons nos comptes...
— Rien ne presse...
— Pardonnez-moi, — les dettes de jeu de la veille doivent toujours être acquittées avant de recommencer une partie nouvelle...
— Acquittez-vous donc, monsieur le vicomte, et qu'il n'en soit plus question...
Gontran, — non sans un violent battement de cœur, — tira de son portefeuille le mandat préparé, ou plutôt falsifié par lui la veille au soir, et le posa sur la table.
— Voici, — dit-il, — un bon de cinquante mille francs, signé par le comte de Presles, mon père, et payable à vue chez MM. Rieux, Chotel et C*, dépositaires de trois ou quatre cent mille francs à lui appartenant... — Ce bon équivaut donc à des billets de banque.
— C'est bien ainsi que je le considère, — répliqua M. de Polart. — C'est, je crois, douze mille francs que vous me devez?...
— Précisément.
— Désirez-vous que je vous remette en or le solde de ce mandat, c'est-à-dire trente-huit mille francs?
— C'est complètement inutile. — Le mandat lui-même couvrira mes enjeux, jusqu'à concurrence de la somme qu'il représente, et, au moment de nous quitter, nous compterons...
— C'est à merveille, monsieur le vicomte... — Voici la table, et voici des cartes neuves. — Je suis à vos ordres.
Gontran et M. de Polart s'assirent en face l'un de l'autre.
— Les cartes sortirent de leurs enveloppes. — L'enjeu fut fixé à vingt-cinq louis. — Le jeune homme perdit la première partie.
Au moment de commencer la seconde, il s'arrêta et il dit :
— Je suis venu à cheval, et très-vite... — Oserai-je abuser de votre complaisance, monsieur le baron, jusqu'au point de vous prier de me faire donner un verre d'eau?
Le Parisien se leva tout aussitôt et se dirigea vers le cordon d'une sonnette.
Gontran profita de ce moment pour remplacer le jeu qui se trouvait sur la table par le paquet de cartes biseautées qu'il portait dans sa manche.
Un valet de l'hôtel reçut l'ordre d'apporter des sirops et des limonades. — Le vicomte se désaltéra, et la seconde partie fut commencée.
L'issue de cette partie ne pouvait être douteuse... M. de Polart perdit avec toute la rapidité imaginable.
Nous n'étonnerons point nos lecteurs en leur apprenant que, pendant près de deux heures, la chance qui se déclarait en faveur de Gontran ne se démentit pas. — Les enjeux avaient été successivement augmentés, et le vicomte de Presles s'était acquitté des douze mille francs perdus la veille.
— Vous ne me devez plus rien, monsieur le vicomte, — dit le baron de Polart. — Vous plaît-il de continuer?
— Sans doute... — Si vous le trouvez bon, j'essayerai de profiter de cette heureuse veine qui me surprend au-delà de toute expression...
— Profitez-en! c'est, je vous le jure, mon plus cher désir, et je vais vous le prouver en vous proposant de décupler

l'intérêt de la partie... — Au lieu de jouer mille francs, vous convient-il d'en jouer dix mille?...
— Je veux tout ce que vous voudrez, — répliqua Gontran que cette proposition inattendue remplissait de joie, car le baron lui donnait, comme à plaisir, des armes contre lui-même, et le jeune homme supputait d'avance la somme énorme qu'il allait gagner.
— C'est entendu, — fit M. de Polart; — je vous demande seulement cinq minutes d'entr'acte...
Tout en parlant, le baron se leva. — Pour la seconde fois depuis l'arrivée de Gontran, il se dirigea vers le cordon de la sonnette et il l'agita de nouveau.
L'appartement du Parisien à l'Hôtel de la Marine était composé de trois pièces : — une antichambre, — un salon, — une chambre à coucher.
Naturellement c'est dans le salon que se passaient les scènes de jeu auxquelles nous venons d'assister.
Un valet parut sur le seuil.
— Attendez, — lui dit le baron.
Le domestique resta immobile, tandis que M. de Polart s'approchait de la table auprès de laquelle Gontran était assis, — prenait le mandat de cinquante mille francs, et à la profonde stupéfaction du jeune homme, enfermait ce mandat dans son secrétaire et en retirait la clef.
Ceci fait, le baron s'adressa au valet.
— Mon ami, — lui demanda-t-il, — vous connaissez parfaitement la ville, n'est-ce pas?
— Oh! parfaitement, monsieur...
— Vous savez alors où demeure le commissaire de police le plus rapproché?
— A deux cents pas de l'hôtel, tout au plus, au commencement de la première rue à droite...
— C'est bien, — ne quittez pas l'antichambre... — Je vais avoir peut-être des ordres à vous donner... — A propos, comment vous appelez-vous?
— Jean, monsieur.
— Allez, et restez à portée de la voix.
Le valet sortit, en refermant la porte derrière lui.
Gontran croyait rêver. — Une sorte d'indéfinissable angoisse s'emparait de lui. — Il ne comprenait rien à ce qui se passait, et cependant il devinait vaguement qu'il était sous le coup de quelque étrange catastrophe.
M. de Polart, dont la physionomie annonçait un calme parfait, prit un encrier, une plume et un cahier de papier à lettre, plaça tout cela sur la table, à côté des cartes, et vint se rasseoir en face de Gontran qui le regardait d'un air effaré. Le baron souriait avec une complète mansuétude. — Son regard était doux et affectueux; — ses lèvres rouges et épaisses exprimaient une bienveillance sans bornes.
— Monsieur le vicomte, — dit-il en trempant la plume dans l'encre et la présentant à Gontran, devant lequel il poussait en même temps le cahier de papier, — j'espère ne point abuser de votre complaisance en vous priant de vouloir bien prendre cette plume et écrire...
— Écrire? répéta le jeune homme, qui comprenait de moins en moins.
— Mon Dieu, oui!
— Et à qui?
— A moi.
— A vous, monsieur?... Pourquoi vous écrire?... qu'ai-je à vous dire?... Ceci est une plaisanterie, j'imagine...
— Mais non, monsieur le vicomte, pas le moins du monde... — C'est très sérieusement que je vous prie de vouloir bien m'adresser une lettre de quelques lignes...
— Mais, encore une fois, monsieur, que puis-je vous écrire?...
— J'aurai le plaisir de vous dicter, et je vous affirme que l'acte de complaisance que j'attends de vous ne sera pas long...
— Il est fou! — pensa Gontran.
Puis, tout haut :
— Eh bien! monsieur le baron, puisque vous paraissez y tenir si fort, je ne vois pas pourquoi je refuserais de vous être agréable... — Dictez, je vais écrire...
M. de Polart salua et répliqua avec un nouveau sourire :
— Ah! monsieur le vicomte, je n'attendais pas moins de

vous, et je ne sais, en vérité, comment vous exprimer toute ma gratitude... — Je dicte...

« Toulon, — juillet 1847.

« *Monsieur le baron...*

La plume de Gontran courait sur le papier. — Le jeune homme avait maintenant hâte d'en finir avec la bizarre et incompréhensible situation qui pesait sur lui et qui l'écrasait par son obscurité.

— Monsieur le baron... — répéta-t-il, lorsqu'il eut écrit la dernière lettre de ces trois mots.

Le Parisien poursuivit, en parlant très-vite et d'un ton léger, comme s'il eût été question des choses les plus parfaitement indifférentes, et pour celui qui dictait, et pour celui qui devait écrire :

« *Je vous supplie à deux genoux de ne point me perdre... — Je suis à votre discrétion. — J'implore votre pitié. — Je suis prêt à faire tout ce que vous exigerez de moi, sans exception, pour racheter mon crime. — Ne soyez point inexorable. — Si je vous semble indigne de compassion, songez à ma famille, dont l'honneur est entre vos mains. — C'est en son nom, bien plus qu'au mien, que je vous invoque. — J'attends votre réponse, comme le condamné à mort attend le résultat de son recours en grâce... et je suis bien condamné à mort, en effet, car, si vous êtes inexorable, dans une heure je me serai brûlé la cervelle.*

« *Vicomte* GONTRAN DE PRESLES. »

Gontran avait écouté avec une stupeur plus facile à comprendre qu'à exprimer. — Il sentait une sueur froide perler à la racine de ses cheveux et mouiller son front et ses tempes, à mesure que le baron avançait dans sa dictée étrange.

Quand cette dictée fut achevée, le visage du jeune homme était méconnaissable et ses regards troublés offraient une expression vague et incertaine comme celle des regards des fous.

A coup sûr Gontran luttait contre le sentiment de la réalité, et il s'efforçait de se persuader qu'il était le jouet de quelque mauvais rêve.

Le Parisien se hâta de détruire cette illusion.

— Eh bien! monsieur le vicomte, — dit-il de sa voix calme et posée, — vous n'écrivez pas ?

Gontran tressaillit et ses yeux se fixèrent sur ceux de M. de Polart, qui souriait avec bonhomie et qui, après une ou deux secondes de silence, continua :

— Peut-être avez-vous mal entendu... — Pour peu que cela puisse vous être agréable, je vais recommencer.

Le vicomte gardait le silence.

M. de Polart hocha doucement la tête, en disant :

— Veuillez me prêter un peu plus d'attention que la première fois... — Je répète... — Nous avons dit : *Monsieur le baron*... — Ceci est écrit. — *Je vous supplie à deux genoux de ne point me perdre... — Je suis à votre discrétion...*

Le Parisien allait continuer.

Gontran ne lui en laissa pas le temps. — La lumière se faisait dans son esprit et la colère bouillonnait dans son cerveau.

Il bondit du fauteuil sur lequel il était assis, et, saisissant M. de Polart par les poignets, il s'écria avec l'accent de la fureur et de la menace :

— Ah! misérable!... vous m'insultez!...

Le visage du baron ne perdit rien de son expression pleine de bonhomie. — Les paroles de Gontran ne purent éteindre le placide sourire épanoui sur ses lèvres.

— Chut!... monsieur le vicomte, — murmura-t-il, — chut!.. parlez plus bas... on pourrait vous entendre, et ce serait, en vérité, bien malheureux pour vous... — Soyez assez parfaitement bon pour lâcher mes mains... — Je suis beaucoup plus fort que vous ne l'êtes, et je craindrais de vous faire mal en me dégageant.

L'inaltérable sang-froid de son adversaire redoubla la rage du jeune homme.

— Monsieur, — dit-il d'une voix étranglée et tremblante, — savez-vous bien que je vais vous tuer !...

— Ma foi, monsieur le vicomte, — répliqua le Parisien avec une intonation légèrement railleuse, — je dois vous avouer que je l'ignorais...

— Eh bien ! je vous l'apprends...

— Permettez-moi de convenir que je n'en suis pas convaincu.

— Ainsi, vous croyez que je ne vous tuerai pas ?

— Mon Dieu, oui.

— Et qui m'en empêchera ?

— Toutes sortes d'excellentes raisons, — une, entre autres, que vous connaissez aussi bien que moi.

— Laquelle !

— La présence, derrière cette porte, du domestique répondant au nom de Jean... — un brave garçon qui sait à merveille où demeure le commissaire de police.

Gontran, atterré, lâcha les poignets de M. de Polart.

Ce dernier se frotta joyeusement les mains, et reprit :

— Vous voici redevenu raisonnable, monsieur le vicomte, j'en suis ravi!... Je suis certain que dans quelques minutes nous nous entendrons le mieux du monde... — Déjà vous avez compris qu'il ne fallait en aucune façon songer à me tuer...

— Vous comprendrez tout à l'heure que vous n'avez qu'une chose à faire, c'est de reprendre la plume et d'écrire bien sagement sous ma dictée la lettre interrompue par vous dans un mouvement de regrettable brusquerie... — Soyez bien persuadé, d'ailleurs, monsieur, que je ne vous en veux aucunement... — Etes-vous prêt ?...

— A quoi ?

— A écrire.

— Cette lettre ?... — Jamais !... — Il faut que vous soyez fou, monsieur, pour me le demander !...

— Monsieur le vicomte, je connais à Paris un auteur dramatique, joué souvent et avec succès, qui, lorsqu'il parle de son art, se plaît à mettre dans la circulation un axiome ainsi formulé : — *Une situation fortement tendue fatigue le spectateur lorsqu'elle se prolonge outre mesure...* — Ceci est parfaitement juste et peut s'appliquer à la vie aussi bien qu'au théâtre... — Nous sommes dans une situation excessivement forte et corsée, hâtons-nous d'en sortir, arrivons au dénoûment... Je vous donne cinq minutes pour réfléchir... — Ce délai une fois passé, j'agirai...

— Est-ce une menace ? — balbutia Gontran.

— En aucune façon, monsieur le vicomte. — C'est un pur et simple avis.

— Et, si je n'écris pas, qu'arrivera-t-il ?

— Une chose bien fâcheuse, et que, à tout prix je voudrais éviter... — répliqua le baron d'un ton triste et pénétré. — Ne devinez-vous point, monsieur le vicomte ?

— En aucune façon.

— Je vais donc être forcé d'entrer, avec un vif regret, dans de vilains détails... — puisqu'il le faut, je m'y résigne... — Si donc, au bout de cinq minutes — c'est-à-dire maintenant de quatre, car le temps marche, vous ne vous êtes point décidé à prendre la plume, j'appellerai Jean, — Jean viendra, — je lui donnerai tout bas un ordre, — il prendra ses jambes à son cou et reviendra dans peu d'instants escorté par un prochain commissaire de police, de quatre hommes et d'un caporal... — L'honorable magistrat constatera que les cartes que voilà sur la table, et desquelles vous venez de vous servir avec tant de bonheur, sont des cartes biseautées...

— Que dites-vous, monsieur!!! — s'écria Gontran avec une feinte indignation.

— L'exacte vérité, monsieur le vicomte.

— Ces cartes sont les vôtres !...

— Oh ! que nenni, monsieur le vicomte !... Mes cartes, à moi, sont en ce moment dans votre poche où le commissaire les trouvera... — Ceci d'ailleurs est peu de chose, affaire de police correctionnelle, tout au plus... — Nous avons mieux...

— J'ai pris la précaution, comme vous l'avez vu, de mettre sous clé un joli petit mandat de cinquante mille francs qui constitue un faux matériel tout à fait bien réussi...

— Monsieur!... — interrompit de nouveau Gontran.

Le baron lui coupa la parole, en disant :
— A quoi bon nier, monsieur le vicomte?... — le grattage saute aux yeux... — Je ne conteste point la signature de monsieur votre père, mais le mandat portait une somme insignifiante, que vous avez métamorphosée en un chiffre imposant...
— Voilà ce que je me verrai dans la nécessité pénible d'apprendre au commissaire qui vous fera, séance tenante, empoigner par les quatre hommes et le caporal, et conduire comme le premier venu des coquins à la prison de ville... — L'affaire s'instruira, — messieurs les membres de la chambre des mises en accusation vous renverront devant la cour d'assises, — le jury appréciera, et je doute très-fort que des circonstances atténuantes vous soient accordées... — Veuillez réfléchir à tout ceci, je vous prie... — Les travaux forcés offrent une perspective infiniment peu séduisante, lorsqu'on a, comme vous, l'honneur de se nommer le vicomte Gontran de Presles...

M. de Polart se tut.

Le jeune homme, complètement anéanti, — la tête penchée sur sa poitrine, — le visage envahi par une pâleur sinistre, — les yeux fixes, les lèvres tremblantes, ne répondait pas et conservait à peine la force de penser.

Quelques instants s'écoulèrent ainsi, puis le baron, tirant sa montre, rompit le silence en disant :

— Monsieur le vicomte, les cinq minutes sont écoulées... — Avez-vous pris une décision? — Dois-je vous présenter la plume ou envoyer chez le commissaire?...

La réponse à cette double question ne pouvait être douteuse.

Placé entre deux malheurs également inévitables, Gontran devait choisir, sinon le moins terrible, du moins le plus éloigné.

Il étendit machinalement la main pour prendre la plume que lui tendait M. de Polart.

— Ainsi, demanda ce dernier. — Vous allez écrire?...
— Oui... — balbutia Gontran d'une voix éteinte.
— A merveille!... — Eh! mon Dieu, que vous avais-je dit tout à l'heure? Je savais bien que vous deviendriez raisonnable... — Allons, monsieur le vicomte, remettez-vous... — Je ne vous veux aucun mal, que diable!... — Il ne tiendra qu'à vous que je ne me serve jamais ni de votre lettre, ni du petit mandat... embelli par vos soins... — Je serais désespéré de vous causer le moindre désagrément... — Vous aviez l'intention de tirer à vue sur mes billets de banque et mes rouleaux d'or... rien de plus naturel, je dirais volontiers, rien de plus louable... — Si vous aviez réussi j'applaudirais des deux mains car j'aurais rencontré mon maître, ce qui ne m'est pas encore arrivé... — Vous avez échoué et la chance est pour moi... — J'en profite, je prends ma revanche... — C'est de bonne guerre... — il ne faut pas m'en vouloir... — Aussitôt que le premier moment d'émotion sera passé, veuillez m'en prévenir, monsieur le vicomte, et nous reprendrons sans plus tarder notre dictée de tout à l'heure.

Gontran fit sur lui-même un violent effort et parvint à secouer sa torpeur désespérée.

Un pâle sourire vint à ses lèvres.

— Monsieur le baron, — dit-il, — je suis à vos ordres... — Vous avez sur moi des droits absolus que je ne puis pas contester... — Vous êtes le maître d'en user, d'en abuser même, à votre fantaisie... — Commandez donc, j'obéirai, puisque ma folie maladroite et coupable m'a jeté comme un sot sous votre dépendance.

— Mon cher vicomte, — répliqua le Parisien, — soyez convaincu que mon empire ne deviendra jamais tyrannique...
— Achevons, s'il vous plaît, cette lettre, et qu'il ne soit plus question d'un incident que vous prenez beaucoup trop à cœur.

Gontran courba la tête, et il écrivit avec une passive obéissance les lignes terribles que nous connaissons déjà.

Lorsqu'il eut achevé, M. de Polart plia la lettre et pria le vicomte de tracer l'adresse et de cacheter avec le chaton de sa bague, sur lequel était gravé l'écusson des de Presles.

Gontran ne pouvait que se soumettre, et il se soumit en effet.

IX

Une tête affaiblie.

Nous prions nos lecteurs de vouloir bien nous accompagner dans le parc du château de Presles, quelques jours après les derniers incidents que nous venons de mettre sous leurs yeux. Trois des membres de la famille se trouvaient réunis sous les voûtes de verdure de ce *rond-point des Marronniers* que nous connaissons déjà.

C'étaient le général et ses deux filles, Diane Herbert et Blanche de Presles.

Le vieillard, assis dans un grand fauteuil de bambou et la tête renversée en arrière, semblait n'accorder qu'une attention très-médiocre à la lecture, faite à haute voix par Diane, du premier Paris d'une feuille légitimiste.

Son regard, égaré dans l'espace, suivait parmi les méandres de leur course capricieuse les petits nuages blancs que la brise marine chassait sur le firmament bleu.

En entendant l'accentuation uniforme et monotone que donnait Diane à chacune des phrases du journal, il était facile de comprendre que la jeune femme se trouvait sous le coup de quelque préoccupation importante, et que ses yeux et ses lèvres seuls obéissaient à sa volonté et continuaient leur tâche, tandis que sa pensée, c'est-à-dire son âme, était loin de là.

Pas plus que son père et que sa sœur, Blanche de Presles ne semblait jouir d'une liberté d'esprit bien complète.

Cette jeune fille, blonde et jolie comme un ange, et digne de ce nom de *Blanche* que justifiait l'éclatante pureté de son teint, était si mignonne et si frêle qu'elle semblait n'être encore qu'une enfant, tandis qu'en réalité elle allait atteindre sa dix-septième année.

Assise tout auprès de la table de pierre sur laquelle se voyait un amas de fleurs fraîchement coupées dans les corbeilles du parc, elle prenait ces fleurs une à une et les disposait en guirlandes, en ayant soin d'assortir avec un goût exquis leurs couleurs éclatantes.

Mais ce travail était uniquement machinal.

Les grands yeux bleus de la jolie blonde exprimaient une vague rêverie, et les soulèvements tumultueux de son jeune sein, sous la mousseline légère de sa robe, offraient d'irrécusables indices d'un trouble qui peut-être n'était pas sans douceur.

Tout à coup Diane interrompit sa lecture, et ses yeux attachés jusque-là sur les colonnes du journal se tournèrent vers le général.

Le sommeil, — personne ne l'ignore, — est troublé par un bruit qui s'arrête brusquement, tout aussi bien que par un bruit inattendu qui commence.

Le général ne dormait pas, mais, — nous pouvons le dire, il rêvait.

Au moment où la voix de Diane s'éteignit, le rêve s'envola.
— Le vieillard cessa d'appuyer sa tête au dossier du fauteuil, et regarda sa fille d'un air étonné.

Un léger sourire vint aux lèvres de la jeune femme, sourire involontaire et d'une expression presque douloureuse.

— Mon bon père, — murmura-t-elle, — il me semble que vous ne m'écoutez guère...

— Je t'écoutais très-fort, au contraire... — répondit vivement le général, du ton d'un enfant surpris en faute par son précepteur et qui cherche à dissimuler ses torts.

— Et ma lecture vous intéressait ? — continua Diane.
— Beaucoup.
— Vous en êtes sûr ?
— Tout à fait sûr.
— Alors, mon bon père, expliquez-moi donc une chose que je n'ai pas parfaitement comprise.
— Laquelle ?
— Celle-ci...

Et Diane, jetant les yeux sur le journal, fit deux ou trois

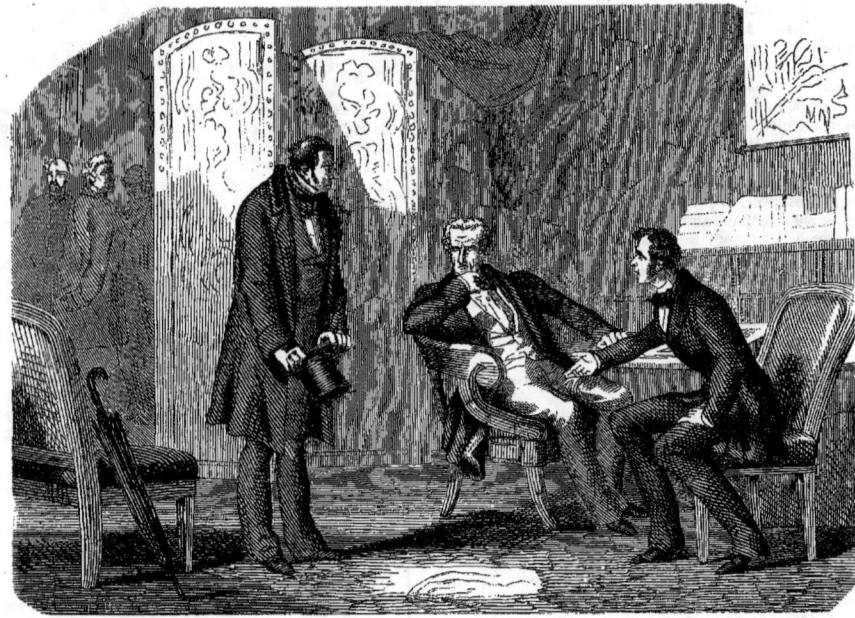

questions au hasard, relativement à quelques-uns des faits politiques allégués par le rédacteur de la *Gazette de France*.

Ainsi mis en demeure à l'improviste, M. de Presles se trouva forcé de convenir qu'il avait eu deux ou trois distractions passagères, et que l'article ne lui semblait pas très-clair.

Cet aveu permit à Diane de formuler la question que depuis un instant elle avait sur les lèvres.

— Alors, mon bon père, — demanda-t-elle, — à quoi donc pensiez-vous?

Le général parut hésiter.

— Si ma demande est indiscrète, je la retire... — ajouta la jeune femme.

— Indiscrète? oh! non, pas le moins du monde... — Seulement, pour te répondre, il faut me souvenir...

— Et vous ne vous souvenez pas?

Ces derniers mots furent prononcés avec une vive anxiété. Le général passa la main sur son front. — Il sembla chercher pendant un instant, puis il dit :

— Non... je ne me souviens pas... — Hélas! ma pauvre Diane, il faut bien en convenir, de jour en jour et presque d'heure en heure ma tête se fait plus faible et ma mémoire plus incertaine...

— Et cependant, — reprit la jeune femme, — hier encore je vous entendais évoquer, avec une netteté merveilleuse, des souvenirs lointains, antérieurs même à l'époque de ma naissance...

— Tu as raison, mon enfant... — les choses du passé ont laissé dans mon esprit et dans ma mémoire une empreinte ineffaçable... — Les incidents les plus futiles de ma jeunesse et de mon âge mûr se présentent à moi sans retard quand je les appelle... et j'oublie ce que j'ai fait hier... — C'est bien inexplicable et bien triste...

Blanche, qui depuis un instant prêtait l'oreille à la conversation des deux interlocuteurs, quitta sa place, et se rapprochant du vieillard elle lui dit d'une voix douce et sympathique :

— Je crois bien que vous vous trompez, mon bon père, — je crois que votre mémoire est meilleure que vous ne le dites, et je ne serais nullement embarrassée de vous le prouver.

— Eh bien! chère enfant, prouve-le donc! — répondit le vieillard à sa plus jeune fille.

— Cela ne sera pas difficile, — répliqua cette dernière. — Vous prétendez ne pas vous souvenir de ce qui s'est passé hier... — Hier, comme tous les jours, vous avez aimé votre petite Blanche, et j'affirme que vous n'avez point oublié cela...
— Est-ce vrai?

— C'est vrai.

— Hier, comme tous les jours, votre petite Blanche vous a aimé, et j'affirme encore que vous vous en souvenez très-bien... — Est-ce vrai aussi cela?

— Oui, c'est vrai.

— Vous voyez donc que j'ai raison, et que votre mémoire vous reste, et qu'à son défaut votre cœur suffirait pour vous dire que vous chérissez vos enfants et que vos enfants vous adorent...

— Pas tous, hélas!... — balbutia le vieillard d'une voix étouffée à dessein, tandis que Blanche lui prodiguait les plus tendres caresses, et que Diane, regardant ce tableau, essuyait à la dérobée une larme qui perlait à la pointe de ses longs cils.

— Bon père, — continua Blanche au bout d'un instant, — ce n'est pas tout, il me reste à vous prouver que votre mémoire est fidèle pour autre chose encore que pour ce qui touche à votre famille...

— Voyons, chère petite, donne tes preuves... — je ne demande pas mieux que d'être convaincu...

— Eh bien! qu'avons-nous fait hier?

— Hier?...

— Oui, — dans l'après-midi?... deux heures environ après le déjeuner?...

— Mais... je ne sais pas...

— Cherchez un peu...

— Eh bien! il me semble que nous avons quitté le château et que nous sommes venus dans le parc...

— Jusqu'à l'endroit où nous voici dans ce moment, n'est-ce pas, bon père ?
— Je le crois...
— C'est ça ! c'est parfaitement ça !... — s'écria Blanche en frappant ses petites mains l'une contre l'autre.

Le général et sa fille aînée ne purent s'empêcher de sourire de cet enthousiasme naïf.

Blanche reprit :
— Étions-nous seuls ?

M. de Presles interrogea consciencieusement ses souvenirs, et ce fut pourtant avec une certaine hésitation qu'il répondit :
— Oui, il me semble bien que nous étions seuls...
— Et vous avez raison, bon père !... — Certainement nous étions seuls, puisque Georges avait emmené ma sœur à la villa Herbert... — Voyez-vous comme vous vous souvenez bien !... rien ne vous échappe !... c'est admirable !... — Continuons...
— Que veux-tu donc me demander encore ?
— Tous les incidents de l'après-midi... — Oh ! nous n'en aurons pas fini de sitôt !... — Je continue mon petit interrogatoire... — Une fois arrivés ici, nous sommes-nous assis ?
— Sans doute, puisque nous nous asseyons tous les jours...
— C'est très-exact... — Alors, que s'est-il passé ?
— Je crois me rappeler que tu m'as lu le journal...
— Oui, bon père, je vous l'ai lu... et même il était bien ennuyeux et je me figure que vous ne l'avez pas écouté beaucoup... — Ai-je tort ?...
— Tu pourrais bien avoir raison...
— Vous vous souvenez que vous n'avez pas écouté !... bravo !... — Et ensuite ?...
— Ensuite ?
— Oui.
— Ah ! par exemple, je ne sais pas...
— Il faut savoir...
— Mais, quoi ?...
— Ce qui est arrivé...
— Je me suis endormi, peut-être ?
— En aucune façon.
— Alors, j'y renonce...
— Parce que vous êtes distrait et que vous ne cherchez pas bien... — Je vais vous mettre sur la voie et vos souvenirs reviendront à l'instant même...
— Je le souhaite.
— Vous allez voir... — Sommes-nous restés dans une complète solitude jusqu'à l'heure du retour de Diane et de Georges ?

M. de Presles s'absorba pendant quelques secondes dans un travail infructueux.

Blanche lui vint en aide.
— Voyons, bon père, souvenez-vous... — dit-elle. — N'avons-nous pas reçu une visite ?...
— Une visite !... Ah ! oui... je me souviens... — Mais qui donc est venu ?...
— C'est à vous que je le demande...
— Marcel de Labardès, ce me semble...
— Pas tout à fait... — Mais si ce n'est lui, c'est quelqu'un qui lui touche de bien près...
— Je sais... — dit vivement le général, — je sais.. je sais maintenant... — Non, ce n'est pas Marcel..., c'est son fils d'adoption : c'est Raoul de Simeuse...

Pour la seconde fois, Blanche frappa joyeusement dans ses mains.

En entendant prononcer le nom de Raoul, Diane pâlit.

Blanche ne s'aperçut ni du trouble subit, ni de la pâleur de Diane.
— Tu vois, chère sœur, — s'écria-t-elle avec un accent de triomphe, — tu vois combien j'avais raison !... — pour toutes les choses importantes, la mémoire de notre bon père est aussi sûre, aussi fidèle que celle d'un jeune homme...

Madame Herbert ne répondit pas.

La jeune fille, à deux reprises, appuya ses lèvres roses sur le front incliné du général, puis elle reprit :
— Vous aimez M. de Labardès, n'est-ce pas, mon père ?...
— Comment ne l'aimerais-je pas ?... — Marcel est le plus noble cœur et l'âme la plus généreuse que je connaisse... — D'ailleurs Georges lui doit la vie, et cela seul suffirait pour lui mériter toute mon affection...
— Et, — poursuivit Blanche, en attachant le regard ferme et franc de ses grands yeux d'azur sur les yeux affaiblis du vieillard, — que pensez-vous de son fils d'adoption, de M. Raoul de Simeuse ?... — je ne sais si je me trompe, mais il me semble que vous recevez ses visites avec plaisir...
— Tu ne te trompes pas, mon enfant...

Un joyeux éclair illumina les prunelles de Blanche.
— Ainsi, — dit-elle d'une voix caressante, — ainsi, M. de Simeuse vous plaît ?...
— C'est un charmant jeune homme — répondit le vieillard, — c'est un vrai gentilhomme...

Et, plus bas et avec tristesse il ajouta :
— Ah ! j'aurais été un heureux père si Dieu avait permis que Gontran ressemblât à Raoul !... — Malheureusement pour nous tous, il n'en a pas été ainsi...

Puis le général, secouant la tête comme pour chasser les idées tristes qui venaient l'assaillir, reprit en souriant :
— Mais toi-même, chère enfant, dis-moi, que penses-tu de Raoul ?...

A cette question posée à l'improviste, Blanche devint toute rose, depuis la naissance de son cou de neige jusqu'à son front candide que couronnaient les nattes épaisses de ses magnifiques cheveux blonds.

Au bout de quelques secondes elle balbutia, avec une émotion manifeste qu'elle ne parvint point à dissimuler :
— Oh ! moi, je ne m'y connais guère... cependant M. Raoul me semble très-bien... — il est si doux et si poli... — il vous aime tant, d'ailleurs, mon père... — Si vous saviez comme il paraît heureux..., (aussi heureux que moi, je vous assure), lorsque vous vous appuyez sur son bras... — L'autre jour, par distraction peut-être, vous l'avez appelé : mon fils... — Sa figure est devenue rayonnante et j'ai cru voir une larme d'émotion rouler dans ses yeux...

La jeune fille s'interrompit, et se tournant vers sa sœur :
— Tu étais là, Diane, — lui dit-elle, — as-tu remarqué cela comme moi ?...
— Non, — répondit madame Herbert avec sécheresse, — non, je n'ai rien remarqué... — Il est vrai que je m'occupe de M. de Simeuse beaucoup moins que tu ne parais t'en occuper toi-même...
— Comme tu dis cela, ma sœur !... Sais-tu bien qu'à t'entendre on te croirait l'ennemie de M. Raoul...
— Je ne suis l'ennemie de personne, — s'écria Diane d'une voix dont elle s'efforçait vainement de déguiser l'amertume, — et pas plus de ce jeune homme que du premier venu...
— Enfin, M. Raoul te déplaît, n'est-ce pas ?... ou, tout au moins, il ne te plaît guère ?...
— En vérité, Blanche, — dit madame Herbert vivement, et du ton de quelqu'un qui veut en finir avec une conversation pénible, — je ne sais pourquoi tu m'adresses toutes ces questions... — Je connais à peine M. de Simeuse...
— Que dis-tu donc ?... — tu le connais à peine !... — par exemple !!! — tu le vois presque chaque jour...
— C'est possible, mais il ne m'arrive jamais de causer avec lui... — Je n'ai donc pu me former sur son compte aucune opinion.
— Ah ! — murmura Blanche tristement, — je vois bien que tu le détestes !...
— Cela n'est pas ;... — mais quand bien même ce jeune homme m'inspirerait de l'antipathie, je ne devine guère quelle importance auraient pour toi mes sentiments à son égard...
— M. de Simeuse n'est pas ton parent... — il n'est même point pour nous une ancienne connaissance... — nous le recevons à cause de M. de Labardès, et voilà tout...
— C'est vrai... — balbutia la jeune fille d'une voix à peine distincte, — voilà tout... tu as raison.

Elle n'ajouta pas un seul mot, et son délicieux visage, subitement pâli, se pencha vers sa poitrine soulevée par de gros soupirs.

Tandis que s'échangeaient entre les deux sœurs les paroles qui précèdent, le général avait cessé d'accorder son attention à la conversation de ses filles, et son esprit, emporté par de vagues rêveries, flottait dans les espaces inconnus.

Une profonde angoisse intérieure se peignit sur les traits toujours si purs et si beaux de Diane.

De son cœur violemment ému, de ses lèvres à peine agitées, s'échappa cette prière ardente qui monta vers le trône céleste, comme le suprême gémissement d'une âme désespérée :

— Seigneur, Dieu de miséricorde, vous qui savez quelles tortures imméritées j'ai souffert depuis si longtemps, ayez pitié de moi !... — je me suis résignée, Seigneur, à tous vos coups !... — Sous votre main qui me frappait, j'ai courbé la tête sans une plainte et sans un murmure... — Mais voici que ma force est à bout et le courage me manquerait pour subir un nouveau martyre... — Daignez donc, dans votre bonté toute-puissante, éloigner de moi ce calice !... — Seigneur, Seigneur, écoutez ma voix suppliante, et ne permettez pas que Blanche aime Raoul..

Au moment où Diane achevait cette invocation suprême, un bruit subit frappa l'oreille de la jeune fille et lui fit lever la tête.

Le sable de l'allée droite conduisant au rond-point des marronniers craquait sous les pas de deux hommes encore éloignés et qui se dirigeaient vers la salle de verdure.

L'un de ces hommes était Gontran.

Ni Diane, ni Blanche, ni le général, ne connaissaient l'autre.

Avec l'insouciance naturelle à son âge, la jeune fille fut distraite tout aussitôt de son chagrin momentané et ses idées prirent une autre direction.

Cependant ses paupières étaient un peu rougies, et deux ou trois perles se suspendaient aux pointes soyeuses de ses longs cils recourbés.

— Diane, — dit-elle, — vois donc qui vient là-bas...

Madame Herbert leva la tête.

— C'est Gontran, — répondit-elle après avoir regardé.

— Oui, mais il n'est pas seul... — qui donc l'accompagne ?...

— Je ne sais...

— Un inconnu, — alors je vous quitte...

— Pourquoi donc ?...

— Eh ! ne vois-tu pas qu'en ce moment je suis laide à faire peur !! — s'écria Blanche avec une innocente coquetterie, — or, comme mon avis est qu'il ne faut effrayer personne, je me sauve...

Et, joignant l'action aux paroles, la jeune fille attacha rapidement sur sa tête son large chapeau de paille d'Italie, — embrassa le général, — saisit la gerbe de fleurs placée sur la table de pierre, et légère et gracieuse comme une nymphe des bois, elle disparut dans les massifs, laissant son père seul avec Diane.

Nous allons, si vous le voulez bien, rejoindre Gontran et son compagnon qui continuaient à se diriger, à petits pas, vers le rond-point.

Le compagnon du jeune homme n'était autre que notre récente connaissance, le baron de Polart.

Ce dernier se recommandait par une toilette de cérémonie digne de fixer l'attention.

Son costume, — (costume de bal, plutôt que de visite d'après-midi à la campagne), — consistait en un habit bleu à larges boutons dorés brillants comme des miroirs, — une cravate blanche à nœud prétentieux, — un gilet blanc, brodé d'argent et de perles, — un pantalon noir collant, découvrant le pied chaussé de bas de soie et de petits souliers. — Trois boutons de diamant d'une grande valeur attachaient la chemise et scintillaient sous les plis d'un jabot de dentelles d'Angleterre, — les manchettes étaient pareilles.

Une admirable chaîne de montre, d'or bruni et de corail rose, serpentait autour du cou, décrivait des méandres sur la poitrine bombée, et finissait par aller se perdre dans la poche gauche du gilet. — Nous ne parlons que pour mémoire de la brochette de décorations fantaisistes accrochées à la boutonnière.

Le baron, frisé à outrance, était coiffé d'un chapeau à ressorts pouvant se plier et se mettre sous le bras gauche comme un claque.

Une douzaine de bagues formaient des bourrelets sous les gants de nuance *clair de lune* qui martyrisaient ses doigts larges et courts.

Sa main droite jouait avec une petite canne de jonc dont la pomme d'or était enrichie de rubis et de saphirs.

Ainsi vêtu, le baron de Polart, quoique fort *bel homme* dans la très-vulgaire acception du mot, ressemblait d'une manière affligeante au plus brillant des marchands d'eau de Cologne.

Un seul regard jeté sur lui aurait amplement suffi pour faire dire à un connaisseur :

— Peut-être ce monsieur est-il baron, mais à coup sûr il n'est pas gentilhomme...

Mais enfin, s'il n'avait point l'air noble, tout au moins il avait l'air riche. — La moitié de son but était donc atteinte.

Gontran de Presles, marchant à côté de son nouvel ami, — nous devrions dire de son nouveau maître, — avait l'oreille un peu basse et ne semblait point précisément flatté de la compagnie.

Il faisait cependant contre mauvaise fortune bon cœur, et, chaque fois que le regard de monsieur le baron s'arrêtait sur lui, il ne manquait point de sourire d'une manière agréable à monsieur le baron.

Ce dernier jetait à droite et à gauche, sur les arbres séculaires, sur les pelouses vertes comme de l'émeraude, sur les nombreuses perspectives du parc, le coup d'œil investigateur et rapace d'un huissier fanatique de son honorable profession, évaluant d'avance, à un sou près, la valeur du mobilier qu'il va saisir.

— Ah ! mon cher vicomte, — s'écria-t-il tout à coup, — savez-vous bien que tout cela est admirable !! — Cette terre de Presles est une propriété princière ! un séjour enchanté !! — Je connais plusieurs des domaines les plus célèbres de France, dont les maîtres sont mes amis extrêmement intimes... celui-ci me paraît bien préférable...

— Baron, vous êtes un flatteur !

— Non, ma parole d'honneur ! je dis ce que je pense... — Ce parc est vingt fois supérieur au parc de Maisons-Laffitte !... — La fortune de monsieur votre père doit être colossale...

— Elle est considérable, en effet...

— Et c'est à vous qu'elle doit appartenir après lui ?

— Sans aucun doute... — A qui donc irait-elle, si ce n'est à moi ?...

— Cependant, vous n'êtes pas fils unique...

— Malheureusement ! J'ai deux sœurs... — Mais ceci est une terre patrimoniale qui ne peut appartenir qu'à l'héritier du nom... Or, je suis, comme vous le savez, le dernier des de Presles...

— Je vous en fais mon compliment sincère... — Vous aurez là une habitation digne d'appartenir au roi de France en personne ! — Seulement (et ça me fait beaucoup de chagrin d'y penser, je vous l'affirme), elle ne restera pas longtemps entre vos mains...

— Pourquoi donc ?

— Parce que vous la vendrez, mordieu ! pour en vaporiser l'argent !...

— Cela n'est pas sûr...

— Allons donc ! est-ce que vous êtes du bois dont on fait les gentilshommes campagnards, surveillant les coupes de leurs forêts et l'ensemencement de leurs champs ? — Moi qui vous parle, à la bonne heure... — voilà des occupations qui me conviennent tout à fait... — aussi, le jour où vous mettrez vos terres en vente, peut-être bien pourrons-nous nous entendre... — Un château comme celui-ci m'irait à merveille...

— D'ailleurs il ne sortirait pas de la famille, car vous n'avez point oublié, je le suppose, que nous sommes alliés.

Gontran haussa involontairement et imperceptiblement les épaules, — ce qui ne l'empêcha pas de répondre :

— Eh ! oui, pardieu, je m'en souviens, cher baron... — je m'en souviens à merveille... — Nous sommes cousins, et même d'assez près...

Le baron de Polart s'inclina en souriant, et, prenant la main de Gontran, il la serra cordialement entre les siennes en murmurant avec une expression de vive reconnaissance :

— Cher vicomte, vous me comblez !!..

Mais, dans son for intérieur, il ne s'illusionnait en aucune façon sur la conviction de Gontran à l'endroit de la parenté improvisée entre les de Presles et les Polart.

— Il n'y croit pas plus que moi, — pensait-il, — et s'il n'avait pas commis la sottise de se mettre dans mon absolue dépendance, il me ferait bel et bien jeter à la porte par les laquais de monsieur son père...

Puis il ajoutait :

— C'est d'ailleurs un plaisir choisi et des plus vifs que de jouer avec ce jeune coquin de grande famille comme un chat joue avec une souris! Ah! je vous tiens, monsieur le vicomte, et je ne vous lâcherai qu'à bon escient!!..

Tandis que M. le baron de Polart formulait dans son esprit les réflexions qui précèdent, — réflexions quelque peu menaçantes pour le repos à venir du vicomte Gontran de Presles, — les deux interlocuteurs continuaient à s'avancer le long de l'avenue conduisant au rond-point des marronniers.

— Si je ne me trompe, — dit le baron, — nous voyons là-bas trois personnes.

— Vous ne vous trompez pas.

— Votre père, sans doute, et vos deux sœurs?...

— Précisément.

A cette minute précise, Blanche disparaissait dans les massifs.

— Il me semble, — reprit le baron, — que notre arrivée met en fuite l'une de ces dames...

— Oui, c'est vrai...

— Laquelle de vos sœurs effarouchons-nous ainsi ?

— Blanche, — la plus jeune. — Elle n'est encore qu'une enfant et rien n'égale sa timidité...

— D'ailleurs, — ajouta le baron en riant, — quand les éperviers se montrent à l'horizon, les tourterelles s'enfuient, c'est la règle!...

Pendant une seconde, le sang de gentilhomme de Gontran bouillonna dans ses veines en entendant cette plaisanterie vulgaire et d'un goût plus que douteux.

— Mon cher baron, — dit-il d'un ton sec, — mademoiselle de Presles ne peut rien avoir à craindre des oiseaux de proie, ni maintenant, ni jamais... — Ne l'oubliez pas!...

— Ne vous emportez point, mon jeune coq ! — répondit railleusement M. de Polart. — Je le sais tout aussi bien que vous ! — Votre famille est placée à une hauteur telle, qu'aucun de ses membres ne peut faillir !...

Gontran, dompté de nouveau par cette parole qui lui rappelait énergiquement sa dépendance, baissa la tête en rougissant et sans répondre.

Cependant les nouveaux venus franchirent les quelques pas qui les séparaient encore du rond-point.

Le vicomte présenta à sa sœur et à son père M. de Polart, qui fut accueilli avec une politesse réservée par le vieillard et avec une extrême froideur par Diane.

Telle était la situation de cette famille, qu'un étranger amené par Gontran se trouvait suspect par ce fait même et par la force des choses ; — et nous croyons que nos lecteurs doivent le comprendre facilement.

M. de Polart, avec l'imperturbable aplomb qui le caractérisait, ne parut pas s'apercevoir de la réception médiocrement sympathique qui lui était faite, et il entama la conversation de l'air du monde le plus dégagé.

Le baron ne manquait ni d'esprit naturel, ni d'une éducation superficielle. — Il avait d'ailleurs beaucoup vu, ayant visité successivement presque toutes les capitales de l'Europe ; — sa conversation était donc variée et amusante, quoique un peu dépourvue de distinction dans la forme.

Ce jour-là, M. de Polart se trouvant en face d'auditeurs assez mal disposés à lui donner la réplique, se vit réduit à monologuer, ou à peu près, ce qui ne sembla pas l'embarrasser le moins du monde. — Les rares monosyllabes de Diane et les moindres mouvements de tête du comte de Presles lui paraissaient des gages suffisants d'attention et d'intérêt.

Cependant, au bout de trois quarts d'heure de cet entretien singulièrement uniforme, il allait sans doute se décider à prendre congé, lorsque l'arrivée de nouveaux personnages le décida à prolonger sa visite.

Ces personnages n'étaient autres que Georges Herbert, Marcel de Labardès et Raoul de Simeuse.

Ces deux derniers se trouvaient depuis plus de deux heures au château, dans l'appartement de Georges.

A la suite du long et sérieux entretien qui venait d'avoir lieu entre Marcel et le mari de Diane, entretien auquel il avait assisté, Raoul semblait animé de la joie la plus vive et l'expression de cette joie débordait malgré lui sur son visage.

Georges le regarda avec un sourire affectueux, et dit à Marcel, à demi-voix :

— Le jour où, pour la première fois, je me suis pris à espérer que ma bien-aimée Diane deviendrait peut-être ma femme, ce jour-là, j'étais ainsi... — Ah! mon ami, quelles belles choses que la jeunesse et que l'amour!...

— Hélas! — murmura M. de Labardès en se parlant à lui-même et assez bas pour ne pouvoir être entendu de Georges et de Raoul, — hélas! je n'ai connu ni les joies de la jeunesse, ni les divines féeries de l'amour!!... — Ils sont heureux... plus heureux que moi, ceux qui peuvent aimer et croire au bonheur ! — je ne crois, moi, qu'au remords et à l'expiation...

— Et maintenant, — reprit Georges Herbert, — si vous le voulez bien, nous pouvons aller rejoindre ces dames qui sont dans le parc avec mon beau-père.

Les trois hommes quittèrent le château et gagnèrent le rond-point des marronniers, où, ainsi que nous venons de le dire un peu plus haut, ils trouvèrent non-seulement le général et sa fille, mais encore Gontran et M. le baron de Polart.

L'arrivée de Georges Herbert et de Marcel contraria Gontran. — Il savait bien que le baron de Polart ne devait et ne pouvait leur plaire ni à l'un ni à l'autre, aussi ne jugea-t-il point utile de le leur présenter.

Ceci, soit dit entre parenthèses, n'embarrassa pas le moins du monde l'étranger, qui, ne semblant s'apercevoir en aucune façon de la manière contrainte et glaciale dont ses avances étaient reçues, fit de courageux efforts pour généraliser la conversation, parlant de toutes choses et de quelques autres encore : *de omni re scibili, et quibusdam aliis !...*

Malgré ses tentatives héroïques, dignes assurément d'un meilleur succès, il fut impossible au baron de fondre ou de briser la glace qui s'élevait comme une infranchissable barrière entre lui et ses interlocuteurs silencieux.

En outre, la façon significative dont Marcel de Labardès et Raoul de Simeuse attachaient leurs regards sur M. de Polart, indiquait très-clairement qu'ils ressentaient pour lui, tous les deux, une insurmontable antipathie.

Il était plus difficile de se rendre compte des sentiments de Georges Herbert, mais, à coup sûr, ces sentiments ne pouvaient être bienveillants, car le caractère franc et loyal du Provençal devait ressentir une instinctive répulsion pour la nature astucieuse et fourbe du baron.

Quant à Diane, depuis l'arrivée de Marcel et de son fils adoptif, elle paraissait avoir complètement oublié la présence de l'étranger ; — elle s'absorbait dans une rêverie profonde et douloureuse, et sans aucun doute, rien de ce qui se faisait et rien de ce qui se disait autour d'elle n'attirait un instant son attention.

A de rares intervalles, ses yeux baissés se relevaient et attachaient un regard furtif sur le visage charmant de Raoul.

Diane alors pâlissait ou rougissait à son insu, et ses traits exprimaient une vive émotion.

Un spectateur désintéressé de cette scène muette n'aurait pas manqué de conclure, de ces regards et de cette émotion, que madame Herbert était passionnément éprise de Raoul de Simeuse et qu'elle ne parvenait point à dissimuler les ravages de la flamme adultère qui la dévorait.

Et Dieu sait pourtant à quel point ces conjectures, pour si vraisemblables qu'elles fussent, auraient été loin de la vérité !...

Le baron de Polart se leva enfin.

— Monsieur le comte, — fit-il, — je ne saurais vous dire à quel point je m'estime heureux d'avoir eu l'honneur de vous être présenté... — J'ose espérer que vous voudrez bien me permettre, pendant la durée de mon séjour en Provence, de venir quelquefois vous rendre mes devoirs.

M. de Presles salua sans répondre.

Le baron de Polart prit, ou du moins fit semblant de prendre ce salut pour une adhésion, et remercia chaleureusement comme s'il venait d'obtenir une faveur signalée.

Il s'inclina profondément devant Diane. — Il fit un salut des plus sommaires à Georges, à Marcel et à Raoul, et il quitta le rond-point, accompagné par Gontran, et donnant à sa taille un peu massive un dandinement plein de désinvolture et dont l'effet, selon lui, devait être absolument irrésistible.

Que voulez-vous?... — nous ne vous avons jamais offert ce baron de Polart comme le type accompli du parfait gentilhomme, et nous sommes forcé d'ajouter que, malgré sa noblesse incontestable — (du moins à l'en croire), — il y avait en sa personne un mélange heureux de commis-voyageur, de ténor départemental et de marchand d'eau de Cologne.

Ce qui n'empêchait pas M. le baron de Polart, nous le savons, d'être l'un des hommes les plus prodigieusement décorés du monde entier.

Après cela, peut-être ce gentilhomme était-il un des clients de l'agence *titulo-décorative* du prince de Gonzague, ou de celle non moins célèbre et non moins recommandable de Vésin, comte de Romanini...

Quoi qu'il en soit, à peine Gontran et son compagnon se trouvaient-ils hors de portée de la voix que Georges s'écria :

— Pour l'amour du ciel, qu'est-ce que c'est que ce monsieur, ma chère Diane?...

Cette exclamation interrogative interrompit la rêverie de la jeune femme.

— Ce monsieur, — répondit-elle, — est un ami de Gontran, à ce qu'il paraît...

— Un ami de Gontran?... — répéta Georges, — en êtes-vous bien sûre?

— Sans doute, puisque c'est lui qui nous l'a présenté tout à l'heure...

— Sous quel nom?

— Sous le nom de *baron de Polart*, je crois.

— Baron de contrebande, gardez-vous d'en douter!...

— C'est possible... c'est même probable...

— Tenez pour certain que cela est... — Ah! ma chère Diane, où diable votre frère va-t-il chercher ses amis?...

— Si vous voulez le savoir, c'est à lui et non point à moi qu'il faut le demander, car je l'ignore de la façon la plus absolue... — Mais dites-moi, Georges, vous avez donc une bien mauvaise opinion de cette nouvelle connaissance de Gontran?

— Extrêmement mauvaise... — Un instinct que j'ai expérimenté souvent et qui ne m'a jamais trompé, me fait regarder ce prétendu baron comme un intrigant.

— Et moi, mon cher Georges, — dit Marcel en intervenant dans la conversation, — je crois aussi me connaître en physionomies, et je serai plus sévère que vous...

— Comment cela?

— Vous regardez ce nouvel ami de Gontran comme un intrigant, avez-vous dit?

— Oui, certes!...

— Eh bien! moi, je le regarde comme un coquin de la pire espèce... — comme un homme excessivement dangereux, et je tremble qu'il ne se soit emparé de Gontran et qu'il ne l'entraîne à quelque vilaine action...

— Peut-être, — murmura Diane, — peut-être a-t-il sur mon frère moins d'influence que vous ne le supposez...

— Chère madame, ne nous faisons pas d'illusions!... — Il faut, au contraire, que cette influence soit énorme, et vous en conviendrez vous-même si vous voulez bien réfléchir que Gontran, sans hésiter et sans rougir, a présenté à son père et à sa sœur un faquin de cette espèce, ce dont il aurait certainement dû se garder de tomber au feu...

— Peut-être, — reprit Diane, — Gontran s'abuse-t-il lui-même sur le compte de ce baron de Polart, et ne le voit-il pas tel qu'il est en réalité...

— Je ne saurais, chère madame, partager cette opinion...

— Gontran se connaît en hommes, croyez-moi, aussi bien qu'un confesseur émérite ou qu'un vieux diplomate... — Ce qu'il fait, il le fait sciemment... — Quand il se laisse dominer, c'est avec toute connaissance de cause...

— Peut-être, enfin, — dit madame Herbert, comme dernière et timide objection, — jugeons-nous trop sévèrement le visiteur d'aujourd'hui... — Je conviens volontiers que sa toilette est bizarre et que la distinction lui manque, mais ne peut-on avoir un goût détestable et une nature prodigieusement vulgaire et rester le plus inoffensif et le plus honnête homme du monde?

— Oui, sans doute, en thèse générale... — Il serait trop exclusif de juger et de condamner les gens uniquement sur leur mine, — mais, cependant, il est de certains cas où les apparences sont rarement trompeuses... — celui-ci est du nombre... — Sans être téméraire, j'offre de parier que ce baron de Polart n'est rien moins qu'un impudent chevalier d'industrie, et j'ai la conviction que M. de Presles partage de tous points ma conviction à cet égard...

Marcel se tourna vers le vieillard et lui dit :

— N'est-ce pas, général, que vous êtes de mon avis?...

Le comte fit un mouvement brusque, comme quelqu'un qui s'éveille en sursaut, — il releva la tête et il fixa sur M. de Labardès un regard vague et sans expression.

Marcel répéta sa phrase.

— N'est-il pas vrai, général, que vous êtes de mon avis?...

— Je ne sais... — balbutia le vieillard.

— Peut-être n'étiez-vous pas à la conversation?

— Oui... peut-être... — fit M. de Presles du ton d'un enfant qui répond au hasard, sans se préoccuper de la question qui lui est faite.

Une ride légère se dessina entre les deux sourcils de Diane, et elle regarda son père avec inquiétude.

Marcel poursuivit :

— Nous parlions de ce personnage qui vient de vous être présenté... Vous savez qui je veux dire?...

Le vieillard fit un signe de tête pouvant passer pour une réponse affirmative.

— Le baron de Polart, — continua Marcel...

— Le baron de Polart, — répéta le général.

— L'ami de Gontran...

— Oui... oui...

— Et j'exprimais la certitude que sa physionomie avait produit sur vous le même effet que sur moi-même... — Me suis-je trompé, général?

M. de Presles laissa de nouveau se pencher sur sa poitrine sa tête qu'un instant il avait relevée.

Avant de répondre, il hésita quelques secondes, puis il balbutia :

— Pourquoi me questionnez-vous ainsi?... — Vous savez cependant que je ne peux pas vous dire ce que vous voulez savoir... — Je n'ai pas vu Gontran depuis bien longtemps et c'est à peine si je me souviens que j'ai un fils... — Comment donc pourrait-il se faire que je connaisse ses amis?... — J'ignore tout ce que vous me demandez... — Diane, ma fille, donne-moi ton bras et retournons au château... — Il me semble que, sous ces grands arbres, l'ombre est froide... je veux rentrer... — Viens, ma fille...

Tout en prononçant ces derniers mots, le vieillard se leva en chancelant. — Diane courut à lui, les yeux baignés de pleurs, et lui présenta son bras sur lequel il s'appuya.

Puis tous deux, d'un pas aussi lent que si M. de Presles eût été centenaire, reprirent le chemin du château.

— Vous voyez, — dit alors Georges en s'adressant à Marcel et à Raoul, — vous voyez si je m'illusionnais en déplorant l'anéantissement si rapide, si foudroyant en quelque sorte, des facultés intellectuelles de mon beau-père... — Vous venez d'assister à l'une de *ces absences* qui deviennent de plus en plus fréquentes... — Dans quelques heures, du moins je l'espère, le général aura repris toute la lucidité de sa belle et noble intelligence; mais n'est-il pas à craindre que le moment arrive, et que ce moment soit proche, où le flambeau de l'intelligence s'éteindra pour ne plus se rallumer?... — Je ne saurais vous dire à quel point je maudis Gontran quand je pense que c'est à sa conduite odieuse, aux chagrins sans nombre, aux inquiétudes sans trêve donnés par lui à son père, qu'il faut attribuer sans doute le précoce affaiblissement d'une tête si solide et si merveilleusement organisée!... — Ah! Gontran nous a fait bien du mal à tous!... — Un enfant tel que lui dans une famille, c'est une plaie dévorante et inguérissable !... — Lorsque je regarde le passé, je frémis en songeant à l'avenir !...

Après un instant de silence, Marcel demanda :

— Quelle est la durée habituelle des *absences* du général ?

— Jusqu'à présent, grâce au ciel, cette durée est assez restreinte... — Ce soir, selon toute apparence, ou demain matin au plus tard, mon beau-père sera revenu à son état normal.

— Si cela est ainsi, — murmura Raoul de Simeuse en s'adressant à Marcel, — rien ne vous empêcherait, mon ami, de parler ce soir...

Georges entendit cette phrase et ne put s'empêcher de sourire.

Ce fut lui qui répondit à Raoul :

— Vous êtes pressé comme un véritable amoureux ! — lui dit-il. — Je le comprends à merveille, mon cher enfant, et je n'y vois aucun mal ; mais cependant je dois vous exhorter à la patience, et, au risque de vous déplaire, je conseille à Marcel de remettre à demain la demande officielle de la main de Blanche... — En tout état de cause mon beau-père sera plus en état de l'entendre et de lui répondre...

— Ah ! — s'écria Raoul, — demain, c'est si loin !...

— Quoi, vous vous révoltez contre quelques heures de retard, quand moi j'ai subi, sinon sans souffrance du moins sans murmure, des mois et presque des années d'attente et d'inquiétude... — Et cependant j'aimais Diane autant que vous pouvez aimer Blanche...

— Certes, — répondit M. de Labardès, — je suis témoin que vous l'aimiez de toutes les puissances de votre cœur, de toutes les forces de votre âme !...

— Et, — poursuivit Georges, — je n'avais pas, pour me soutenir et pour me donner de la force et du courage, un espoir si grand qu'il ressemble presque à une certitude...

— C'est que, voyez-vous, — répliqua Raoul, — j'ai peine à me figurer que l'espoir dont vous me parlez existe...

— Et vous avez tort, mon cher enfant...

— Quoi, vraiment, vous êtes d'avis que je puis, sans présomption, chasser les inquiétudes qui m'assiègent ?...

— Ma garantie vous paraîtra-t-elle suffisante ?

— Ah ! je le crois bien !...

— Dans ce cas, je vous affirme, et je ne pense pas m'engager témérairement, que la demande faite par Marcel de Labardès, pour son fils adoptif Raoul de Simeuse, de la main de mademoiselle Blanche de Presles, sera favorablement accueillie par le général...

— S'il en est ainsi, je suis le plus heureux des hommes !!...

— Soyez donc heureux, car cela est ainsi...

— Vous n'entrevoyez aucun obstacle ?...

— Aucun... — A moins cependant...

— A moins ?... — répéta Raoul vivement et avec inquiétude.

Un sourire vint aux lèvres de Georges.

— A moins, — poursuivit-il, — que l'obstacle en question ne provienne du fait de Blanche elle-même... — Vous comprenez qu'on ne mariera point cette chère fille sans son consentement...

— Oh ! — balbutia Raoul dont une brûlante rougeur empourpra le front et les joues. — Ce n'est pas cela que je crains...

— Vous craignez donc quelque chose ?

— Oui.

— Quoi ?... — Si vous voulez que je le sache et que je vous rassure, il faut me le dire...

Raoul hésita :

— Voyons, — reprit Georges, — du courage !... — La confession ne saurait être bien pénible !... — Montrez-moi votre pensée dans le classique costume de la vérité mythologique...

— Eh bien, je redoute... une influence...

— Une influence opposée à vos désirs ?...

— Oui.

— Et puissante sur l'esprit du général ?

— Oui.

— Je ne devine pas du tout ce que vous voulez dire... — Allons, mon enfant, expliquez-vous clairement... — Quelle est cette influence que vous redoutez ?...

— Celle de la sœur de mademoiselle Blanche...

— Celle de ma femme !! — s'écria Georges stupéfait.

Raoul fit un signe de tête affirmatif.

— Comment !! — reprit Georges, — j'ai bien entendu ?... J'ai bien compris ?... Vous avez peur de Diane ?...

— Oui.

— C'est une plaisanterie, n'est-ce pas ?

— Malheureusement non.

— J'avoue que je ne comprends pas ! — Donnez-moi le mot de l'énigme...

— Madame Herbert me déteste...

— Vous ?...

— Moi-même.

— Elle vous l'a dit ?...

— Non certainement elle ne me l'a pas dit...

— Alors, c'est de votre part une pure et simple supposition ?...

— Hélas, non !... — madame Herbert a fait mieux que de me le dire, elle me l'a prouvé...

— Elle vous a prouvé qu'elle vous détestait ?...

— Oui, — et plus d'une fois...

— Quand cela ?... Comment cela ?... — Vous comprenez bien que, pour vous croire, j'ai besoin de faits et de preuves...

— Il ne m'est que trop facile de vous en donner...

— J'attends, et je dois vous prévenir que, si convaincantes que soient vos preuves, j'ai grandement peur de rester incrédule...

Raoul mit sous les yeux de Georges Herbert les circonstances au moins bizarres de sa première entrevue avec Diane et tous les autres détails que nous avons entendu raconter longuement à Marcel de Labardès dans l'un des précédents chapitres de ce livre.

Georges l'écouta avec une profonde attention, et l'on voyait une vive surprise se peindre sur son visage expressif à mesure que parlait le jeune homme et que les faits et les incidents s'amassaient, de manière à former un véritable faisceau de preuves.

Lorsque Raoul eut achevé, Georges garda le silence pendant un instant. — Il avait la tête inclinée, et le froncement de ses sourcils indiquait l'agitation de son esprit.

— Mon cher enfant, — dit-il enfin, — tout cela est fort extraordinaire, je suis bien forcé d'en convenir... — Il y a là quelque chose que nous ne comprenons ni l'un ni l'autre et qu'il m'est impossible de vous expliquer à vous, puisque je ne me l'explique pas à moi-même... — Nous ne tarderons guère d'ailleurs, soyez-en sûr, à avoir le mot de l'énigme... — Quant à présent, et malgré les apparences, rassurez-vous... Ma femme ne vous nuira pas, je vous l'affirme, je vous le promets, j'en prends l'engagement sur mon honneur !... — Je réponds de Diane aussi bien que de moi-même... Je connais sa loyauté parfaite, — la rectitude de son jugement, — la noblesse de son cœur, — je la sais incapable de céder à une antipathie sans motif et de poursuivre quelqu'un de sa malveillance imméritée, surtout lorsque ce quelqu'un a droit, ainsi que vous, à toute son affection et à toute son estime... — Encore une fois, mon enfant, rassurez-vous donc et prenez confiance car je vous jure que vous ne trouverez jamais Diane, comme un obstacle, entre vous et le bonheur !...

— Que Dieu vous entende !... — murmura Raoul.

X

Deux bons amis.

Rejoignons, s'il vous plaît, Gontran de Presles et son compagnon que nous avons laissés s'éloignant ensemble du rond-point des marronniers.

A peine le baron de Polart venait-il de tourner le dos au petit groupe rassemblé autour de la table de pierre, que l'expression de son visage se modifia subitement.

Ses yeux perdirent leur regard empreint d'une fausse bonhomie.

Le sourire stéréotypé sur ses lèvres disparut comme disparait au théâtre, dans un brusque *changement à vue*, un décor lumineux et gai, remplacé par un décor sombre et sinistre.

Ses sourcils se froncèrent et son visage offrit les irrécusables symptômes d'un mécontentement manifeste.

Gontran ne s'aperçut pas tout d'abord de cette métamorphose. — Absorbé dans ses propres pensées il marcha pendant quelques minutes à côté de son compagnon, sans lever les yeux sur lui et sans lui adresser la parole.

M. de Polart, du bout de sa botte vernie, chassait avec violence les cailloux ronds qui se trouvaient sur son chemin mêlés au sable blanc et fin de l'allée. — En même temps, à la façon de Tarquin abattant les hautes têtes des pavots, il décapitait à coups de stick les fleurs et les arbustes que leur fâcheuse étoile avait placés à portée de sa main.

Il accompagnait cette double opération d'un petit sifflement presque pareil à celui des reptiles troublés mal à propos dans leur sieste.

Gontran finit par remarquer tous ces indices de mauvaise humeur, et, les remarquant, il s'en étonna, — disons plus, il s'en inquiéta, car dans la situation où il se trouvait placé vis-à-vis de M. de Polart, il lui fallait vivre dans des alarmes à peu près continuelles, ayant tout à craindre d'un moment d'irritation de son *excellent ami*.

— Pour Dieu, mon cher baron, — s'écria-t-il, — comme vous voilà soucieux !... — Qu'avez-vous donc ?... Est-ce que quelque chose vous préoccupe et vous contrarie ?...

— En vérité, vicomte, — répliqua sèchement M. de Polart, — savez-vous bien que, pour un garçon d'esprit que vous êtes, vous m'adressez-là une question un peu plus que naïve !...

— Mon cher baron, je ne comprends pas...

— Vous ne comprenez pas que je dois être furieux ?... interrompit l'interlocuteur du jeune homme.

— Furieux ?

— Certes !...

— Et, à quel propos ?...

— A propos de la réception qui vient de m'être faite !... — Est-ce que vous trouvez, par hasard, que ce n'est pas suffisant ?...

— Mais, il me semble... — balbutia Gontran.

— Eh bien il vous semble mal !... — Mordieu ! vicomte, on voit bien que vous n'êtes pas en faveur sous le toit paternel !... — L'accueil que l'on réserve à vos amis intimes n'est point fait pour les engager à y revenir...

— Mon cher baron, je suis désolé de ce qui vous blesse...

— D'abord, vicomte, interrompit M. de Polart, — appelons, s'il vous plaît, les choses par leur nom. — Je ne suis nullement blessé, — (grâce au ciel, mon amour-propre n'a pas l'épiderme si chatouilleux !) — je suis impatienté, voilà tout.

— Cependant mon père s'est montré poli avec vous... du moins je ne me suis pas aperçu du contraire...

— Poli !... Eh ! qui vous dit le contraire ?... Mais c'était la glaciale politesse d'un homme bien élevé, voilà tout... — Rien de cordial et d'empressé dans son accueil ainsi que j'avais le droit de l'attendre, d'abord à cause du nom que je porte et ensuite parce que je lui étais présenté par son fils... — Quant à madame votre sœur, — (une bien belle personne, soit dit en passant), — vous conviendrez volontiers, je le suppose, que sa hauteur dédaigneuse atteignait et même dépassait quelque peu les limites de l'impertinence...

— Ma sœur est la même pour tout le monde...

— Vous me permettrez d'en douter... — Je croirais plus volontiers, ainsi que je vous le disais tout à l'heure, que le château du comte de Presles c'est une mauvaise recommandation que d'être amené par le vicomte Gontran de Presles...

— Il y a là-dedans quelque chose de vrai...

— Cependant vous êtes ou plutôt vous devriez être ici chez vous... — et, soit dit entre parenthèses, j'ai grand'peur que l'héritage paternel ne se fasse indéfiniment attendre.... — Le général me paraît avoir l'âme chevillée dans le corps !... — Il est de la race de ces gens qu'il faut assommer absolument pour en finir... — Je vous plains, car ce brave homme, à moins que je ne me trompe fort, vous fera languir et vivre de régime pendant bien longtemps encore...

Ici Gontran fit un geste de dépit parricide.

Le baron de Polart reprit :

— Enfin, la chose est ainsi et nous n'y pouvons rien changer... — Mais dites-moi, je vous prie, qu'est-ce que c'est que ces trois olibrius qui sont arrivés vers la fin de ma visite, et qui me déplaisent souverainement...

— L'un d'eux, celui dont la barbe et les cheveux sont blonds, — est mon beau-frère Georges Herbert... — les deux autres sont des voisins de campagne, le baron de Labardès et le comte Raoul de Simeuse... — Ce dernier est le plus jeune...

— Eh bien ! vicomte, votre beau-frère et vos voisins de campagne me portent sur les nerfs au-delà de toute expression ; — ils me sont plus désagréables que je ne saurais le dire, et je serais tout à fait ravi de trouver une occasion de le leur témoigner...

— Heureusement pour eux, — répondit Gontran avec un sourire, — heureusement pour eux cette occasion ne se présentera pas...

— Bah ! qui sait ? — Dans tous les cas, et afin de me ménager des chances de voir mes souhaits se réaliser, vous voudrez bien, dans le courant de la semaine prochaine, me faire inviter à dîner au château par votre père...

Gontran regarda son interlocuteur d'un air stupéfait.

— Est-ce que vous ne m'avez pas entendu ? — demanda ce dernier.

— Si...

— Alors, ne m'auriez-vous point compris ?...

— Je l'avoue.

— Dans ce cas, je vais répéter... — Il est bon et utile de se mettre à la portée de toutes les intelligences, même des plus paresseuses ! — Je vous priais de me faire inviter à dîner, dans le plus bref délai, par le général comte de Presles... — Cette fois, vous avez compris ?

— Oui, très-bien...

— Et, que me répondez-vous ?

Gontran hésita.

— Qui vous embarrasse ? — demanda M. de Polart.

— La réponse.

— Pourquoi ?

— Parce que ce que vous me demandez sera difficile.

— En êtes-vous bien sûr ?

— Oui.

— Je ne me rends pas compte des motifs de cette difficulté, je l'avoue...

— Ils sont pourtant de la nature la plus simple...

— Voyons, faites-les-moi connaître, et je serai juge...

— Depuis plusieurs années on ne reçoit au château que fort peu de monde, et l'on n'invite aucun étranger aux repas...

— La chose ne m'est point applicable...

— Comment cela ?

— Vous oubliez toujours, vicomte, que je ne suis point un étranger pour les vôtres, et vous ne vous souvenez pas que j'ai l'honneur insigne de faire partie de votre famille... — Rien ne saurait m'être plus précieux que cette parenté, et, s'il me fallait y renoncer pour sauver ma tête, je crois, Dieu me pardonne, que je sacrifierais sans trop de regrets mon existence à mon orgueil... — Est-ce clair ?

— Parfaitement clair...

— Eh bien ?

— Mais, entre nous, je crains...

— Quoi donc ?

— Que cette alliance entre les Polart et les de Presles — (alliance dont pour ma part je ne doute pas un instant, soyez-en convaincu) — ne paraisse point aussi certaine à mon père...

— Vous voulez dire que le comte de Presles refusera d'admettre que j'aie l'insigne honneur de lui appartenir ?...

— J'en ai peur.

— Dans ce cas, vous lui affirmerez qu'il se trompe...

— Me croira-t-il ?

— Vous lui direz que j'ai mis sous vos yeux les titres authentiques et incontestables qui viennent à l'appui de la véracité de mon assertion...

— Ce sera mentir...

— Eh ! pardieu, vicomte, vous n'êtes pas à cela près d'un mensonge...

— Ce mensonge sera inutile...

— Croyez-vous ?
— J'en suis sûr.
— Bref, je me résume, vous refusez de me faire inviter à dîner au château ?...
— Vous êtes injuste, mon cher baron... — Vous savez bien que la chose ne dépend pas de moi...
— Qu'elle dépende ou non de vous, elle vous semble impossible ?...
— Oui, c'est vrai...

M. de Polart s'arrêta.

Il se posa en face de Gontran, les deux bras croisés sur la poitrine, et attachant sur le vicomte un regard qui contraignit le jeune homme à baisser les yeux, il lui dit d'une voix rude et sèche :

— Je vois, mon jeune ami, que vous ne connaissez pas encore mon caractère...— La contradiction m'excite ; — les obstacles font sur moi le même effet que les coups d'éperon sur les chevaux de course ; — je franchis ou je brise les barrières qui s'opposent à mon passage... — Tout à l'heure je n'avais qu'un caprice, une fantaisie ; — ce caprice s'est métamorphosé en une volonté ferme, — cette fantaisie en une résolution irrévocable... — Il ne s'agit plus d'une prière que je vous adresse, — il s'agit d'un ordre que je vous donne...

Pour la seconde fois depuis une heure le sang patricien de Gontran se révolta dans ses veines.

Une brûlante rougeur envahit son visage, — tous ses nerfs tressaillirent, — un tremblement convulsif secoua ses membres comme s'il venait de recevoir une de ces injures qui changent pour un instant le lâche lui-même en homme de cœur.

— Un ordre ! — s'écria-t-il d'une voix que l'émotion rendait à peine distincte, — vous avez dit un ordre !...

— Je l'ai dit, et je le répète, monsieur le vicomte, — j'ordonne, et vous obéirez !...

— Jamais !...

— Ceci est un enfantillage, et je ne me donnerai certainement point la peine de le discuter... — Je veux, entendez-vous bien, je veux et j'exige l'invitation dont je vous ai parlé ; — il me la faut pour jeudi prochain...

— Je refuse !...

— Oubliez-vous donc que vous n'en avez pas le droit ?

— Eh bien ! ce droit, je le prends, et s'il faut le conquérir à la pointe de l'épée, une heure après votre retour à Toulon mes témoins seront chez vous...

M. de Polart eut un accès de rire éclatant.

— Ah ! çà, mais, — dit-il ensuite avec le plus grand calme, — je crois, Dieu me damne, que c'est un duel que vous me proposez...

— Oui, monsieur, un duel...

— C'est très-chevaleresque, mais c'est absurde... — je ne me battrai pas avec vous...

— Vous ne vous battrez pas ?

— Non.

— Et quel motif vous en empêchera ?

— Le motif qui, quatre-vingt-dix-neuf fois sur cent, sert de mobile aux actions des hommes de bon sens... — je veux parler de l'intérêt. — Or, mon intérêt me défend, de la façon la plus impérieuse, toute rencontre avec vous... — Je n'aurais qu'à me tuer !... peste !.. quelle mauvaise affaire !... — Qui donc me paierait, alors, avec d'honnêtes intérêts, ce joli bon de cinquante mille francs que je conserve si soigneusement dans le fond de mon secrétaire ?... — Non, non, mon cher vicomte, je ne me battrai pas...

— Prenez garde, monsieur !! — s'écria Gontran, à qui son irritation croissante faisait oublier toute prudence, — prenez garde !...

— A quoi ?

— A ceci...

En même temps, le jeune homme levait sa cravache pour en fouetter son interlocuteur au visage.

D'un brusque mouvement, M. de Polart arrêta la cravache au beau milieu de son évolution sifflante et menaçante.

— Prenez garde vous-même, vicomte, — dit-il sans la moindre émotion, — en ce moment vous jouez gros jeu... — Savez-vous bien que si la baleine de ce joujou avait effleuré seulement la pointe de ma moustache, dans trois mois les garde-chiourmes du bagne de Toulon auraient été tout fiers et tout joyeux d'avoir sous leurs ordres immédiats le dernier descendant de l'illustre race des comtes de Presles !... — Or, vous en conviendrez sans peine, puisqu'il vous faut absolument obéir, mieux vaut encore que ce soit à moi qu'à messieurs les *argousins* de la chiourme...

Gontran, devenu pâle comme la mort, laissa tomber sa cravache et sembla près de défaillir.

— Ah ! — murmura-t-il avec désespoir, — cette vie est odieuse et je ne puis la supporter plus longtemps !... — Mais, grâce au ciel, j'ai le moyen de me rendre libre et j'en userai...

— Ce moyen, — demanda M. de Polart avec un léger ricanement, — puis-je le connaître ?...

— Je me tuerai !...

— Vous ! — allons donc ! — jamais de la vie ! — Pour se tuer, il faut une sorte de courage que vous n'avez pas... — Vous mourrez dans votre lit, mon cher vicomte, et le plus tard que vous pourrez, soyez-en convaincu...

Gontran, complètement dominé, ne répondit pas.

— Je me résume, — poursuivit le baron. — Jeudi prochain, sur l'invitation de monsieur votre père, je viendrai dîner ici. — Si l'invitation ne m'est point parvenue, je viendrai de même ; — seulement, j'aurai avec moi un juge d'instruction et quelques gendarmes, et vous causerez tout à votre aise avec ces messieurs du petit bon de cinquante mille francs que vous connaissez...

— Mon Dieu... mon Dieu... — balbutia Gontran, effaré, écrasé, anéanti, — vous voulez donc me perdre ?...

— Pas le moins du monde, mon cher vicomte, à moins que vous ne m'y contraigniez de la façon la plus absolue par votre résistance ridicule à mes volontés... — Excepté dans ce dernier cas, pourquoi diable m'amuserais-je à vous causer des désagréments, et qu'est-ce que cela me rapporterait ?... — Or, je vous l'ai dit et je vous le répète, l'intérêt personnel est mon unique règle de conduite... — N'oubliez donc plus les devoirs que votre position vis-à-vis de moi vous impose... — Défaites-vous de ces allures de matamore et de ces façons de tranche-montagne qui ne sauraient avoir pour vous que de très-fâcheux résultats ; — évitez de vous cabrer au moindre mot ; — soyez soumis, doux et facile, et vous n'aurez rien à craindre, foi de baron de Polart ! et j'éviterai de vous faire sentir trop durement la dépendance dans laquelle vous vous êtes volontairement placé...

— Hélas ! — murmura Gontran, — cette dépendance n'en existera pas moins !...

— Est-ce ma faute ? — Ne vous en prenez qu'à vous-même des faits accomplis par vous seul... — Vous ai-je jamais dit : *Mon cher vicomte, vous m'obligerez infiniment en m'apportant un billet faux de cinquante mille francs ?* — Vous savez bien que non... — Évitez donc de vous plaindre après l'événement, puisque cet événement n'est que le résultat naturel et prévu de votre volonté...

Tout en échangeant les paroles qui précèdent, les deux interlocuteurs s'étaient remis en marche depuis quelques instants, et ils allaient atteindre la cour des écuries du château.

M. de Polart et le vicomte étaient venus de Toulon à cheval. — Un domestique promenait au pas, autour d'une pelouse de forme elliptique, leurs montures échauffées par une course rapide.

Gontran fit un signe au domestique.

Les chevaux furent amenés.

Le vicomte et son compagnon se mirent en selle, s'éloignèrent au petit galop, et, pendant cinq ou six minutes, ils gardèrent un profond silence.

Au moment où ils allaient atteindre l'extrémité de l'avenue qui du château conduisait à la grande route, Gontran ralentit tout à coup l'allure de son cheval et quitta le galop pour prendre le pas.

M. de Polart l'imita.

— Enfin, — s'écria Gontran, — renouant sans transition l chaîne un instant brisée du dialogue, — ce billet... ce billet maudit... me le rendrez-vous ?...

— Oui, certes ! — répondit M. de Polart.

— Et, quand ?

— Quand il sera de mon intérêt de vous le rendre...
— Dire cela, c'est ne rien dire...
— Pardonnez-moi, c'est dire très-exactement ce que je pense... — Vous trouvez que ma réponse manque de clarté?
— Oui.
— Eh bien! je vais vous donner une explication catégorique et mettre les points sur les i... — Mais, d'abord, et avant tout, il est parfaitement entendu, n'est-ce pas, que nous sommes les meilleurs amis du monde, et que vous ne vous formaliserez point de mes paroles?

Gontran fit un signe de tête qui pouvait, à la rigueur, se prendre pour une marque d'adhésion.

M. de Polart poursuivit:
— Dans la vie, comme autour d'un tapis vert, quiconque joue une partie hasardeuse a le droit de s'attendre à gagner, mais doit se dire aussi qu'il peut perdre, et que, s'il perd, il faudra payer... — Chacun paie ses dettes de jeu en ce monde... — Le ponte malheureux paye de son argent, — le voleur qui se laisse prendre la main dans le sac, paye de sa liberté, — le meurtrier paye de sa tête... — Ces axiomes généraux ont pour but de me permettre d'en arriver à ceci: — On vous a dit que j'avais beaucoup d'argent, et vous êtes venu chez moi dans l'intention parfaitement arrêtée de faire passer cet argent de ma poche dans la vôtre, à l'aide de cartes fort agréablement biseautées... — Sans périphrases, vous aviez le ferme projet de me voler le mieux du monde... — Ne tourmentez donc pas ainsi le manche de votre cravache... A quoi bon, mon cher vicomte? — Que diable! il faut s'accoutumer à entendre le langage de la vérité, même lorsque cette vérité n'est pas caressante! — D'ailleurs, rien ne vous oblige à rougir et à pâlir devant moi, car, si vous ne valez pas beaucoup, moi qui vous parle je ne vaux guère mieux. — Nous pouvons nous donner la main... — Mon seul mérite (et ce mérite est grand, je vous l'avoue sans fausse modestie), c'est d'avoir été plus adroit que vous... — Je reprends et j'abrége, car je vois bien que mes paroles, je ne sais vraiment pas pourquoi, vous mettent au supplice... — Bref, si ma perspicacité ne m'avait préservé très-heureusement du sort fâcheux que votre petite industrie me réservait, si enfin ces cartes biseautées avaient accompli sans entraves leur destinée, sans aucun doute je n'en aurais pas été quitte pour une perte sèche de cinquante mille écus, car enfin mon portefeuille se trouvait à votre discrétion, et j'ai peine à croire que vous vous fussiez piqué d'être discret... — La chance a tourné contre vous... — je vous ai vaincu avec les propres armes que vous aviez préparées pour assurer ma défaite... — Il est bien juste, n'est-ce pas, que je profite de ma victoire et que j'en retire quelques avantages matériels outre la satisfaction d'amour propre... — Connaissez-vous, d'ailleurs, dans tous les codes passés, présents et à venir, une loi qui soit plus complètement et plus admirablement juste que la loi du talion? — Cette loi, je l'applique avec une justice toute draconienne... — Vous vouliez me dépouiller de cinquante mille écus, — c'est cinquante mille écus qu'il vous en coûtera...

— Cinquante mille écus! — s'écria Gontran avec épouvante.

— Pas un de plus et pas un de moins... — La somme, quoique modeste, me complète un capital assez honorable...
— Donc, contre le paiement de cent cinquante mille francs en billets de banque ou en beaux louis d'or, je vous remettrai le billet de cinquante mille francs qui pourrait, comme vous le savez, vous coûter beaucoup plus cher, si je n'avais le formel et pressant désir de vous être agréable... — Maintenant, mon cher vicomte, vous connaissez mon ultimatum, et désormais nous n'aurons plus à revenir sur une question qui ne paraît pas vous être sympathique...

Le baron de Polart se tut et frisa sa moustache, de l'air d'un homme content de lui-même, de ce qu'il vient de dire.

Un silence de quelques minutes suivit ses dernières paroles.

Gontran rompit ce silence en murmurant:
— Mais enfin, monsieur, vous connaissez ma situation ac-

tuelle... où voulez-vous donc que je prenne l'argent que vous exigez de moi ?...

— Ma parole d'honneur, mon cher vicomte, — répliqua le baron, — j'aurais le droit de me fâcher... — Vous me traitez comme un créancier farouche, qui viendrait à vous escorté d'huissiers et de recors !... — Je suis bien loin, cependant, d'exiger un paiement immédiat... — Je ne réclame mon argent ni dans vingt-quatre heures, ni dans quarante-huit heures, ni dans quinze jours... j'attendrai...

— Jusqu'à quelle époque ?

— Jusqu'à l'époque où la mort du comte de Presles viendra vous mettre en possession de votre héritage...

— Cela peut tarder longtemps encore.

— Sans doute. — Aussi, et pour que je ne sois point lésé par l'attente dans mes intérêts, nous conviendrons que pour chaque année de retard, une somme de vingt-cinq mille francs sera jointe au capital... — Si le général me fait attendre deux ans sa fortune, c'est juste deux cent mille francs que vous aurez à me compter...

— Et, jusque-là, il me faudra rester dans votre dépendance absolue ?...

— Naturellement.

— Mais ce n'est pas vivre, cela !... c'est un esclavage pire que la mort !... c'est une angoisse de toutes les heures ! de toutes les minutes !...

— Bah ! vous vous accoutumerez bien vite à sentir au-dessus de votre tête cette épée de Damoclès, d'autant plus qu'elle est retenue au plafond par un fil solide et qui ne rompra point !... — J'offre de parier tout ce que vous voudrez, qu'avant un mois vous n'y penserez plus !...

— Pouvez-vous me parler ainsi lorsque tout à l'heure encore, et à propos de la chose la plus futile, vous me menaciez de me perdre...

— Je vous menaçais, mon cher vicomte, parce que, à propos de la chose la plus futile, ainsi que vous le dites à merveille, vous sembliez prendre à tâche de m'agacer ma mesure... — Je dois ajouter, afin de vous donner de mon caractère une idée tout à fait exacte, que je suis homme à sacrifier mes intérêts pécuniaires à ma satisfaction d'amour-propre... — Je crois en outre qu'on ne saurait acheter à un trop haut prix le plaisir véritablement divin de la vengeance... — C'est vous dire que j'aurais de grand cœur abandonné mes cent cinquante mille francs futurs pour vous envoyer au bagne si la cravache levée par vous tout à l'heure était retombée sur mon visage... — Que ceci, cher ami, vous serve de leçon...

— Quant à l'invitation dont je vous ai parlé pour jeudi, j'y tiens en raison du peu d'empressement que vous semblez mettre à me la promettre, et je vous répète qu'il vous arriverait des choses infiniment désagréables si, par un moyen quelconque, vous ne vous mettiez pas en mesure de satisfaire ma fantaisie... — Sur ce, et tout ce qui précède étant posé d'une façon claire et suffisante, souvenez-vous de l'adage du vieux classique :

« Loin d'épuiser une matière,
« On n'en doit prendre que la fleur.

Abandonnons un sujet de conversation qui ne saurait vous offrir des charmes bien vifs, et parlons du déjeuner que je compte offrir demain matin à quelques-uns de ces messieurs du *Cercle du Commerce et des Arts*, et dont j'espère bien que vous m'aiderez à faire les honneurs... — Je puis compter sur vous, n'est-ce pas, mon cher vicomte ?...

Gontran baissa la tête.

Une rougeur brûlante envahit ses joues... — et cependant il répondit :

— Oui, vous pouvez compter sur moi...

XI

Une idée de Gontran.

Au moment où les cavaliers atteignaient la croisée des deux routes dont l'une conduisait à la ville et dont l'autre tournait à droite dans la direction de la villa de Georges Herbert, Gontran arrêta brusquement son cheval.

— Qu'y a-t-il ? — demanda M. de Polart, — vous ne venez donc pas avec moi jusqu'à Toulon ?...

— Non, répondit le jeune homme, — je vous quitte ici...

— Où allez-vous ?

— Je retourne au château.

— Quelle idée !... — est-ce que, par hasard, vous me garderiez rancune de notre conversation de tout à l'heure ?...

— En aucune façon.

— Alors, pourquoi ne pas m'accompagner encore un peu ?

— Je n'ai d'autre raison à vous donner que celle-ci : je sens le besoin de rentrer chez moi...

— A votre aise, cher vicomte... — Il est des moments, je le sais par expérience, où l'on a du noir dans l'âme... — la solitude, dans ces moments-là, semble la chose du monde la plus précieuse et la plus désirable... — Allez donc, mais n'oubliez pas que demain nous nous mettrons à table à midi très-précis...

— Je n'oublierai rien...

— Au revoir, et soyez exact...

Le baron de Polart tendit la main à Gontran qui n'osa pas refuser de la prendre, mais qui ne la serra qu'avec une répugnance facile à deviner.

Le jeune homme tourna la tête de son cheval du côté du château de Presles, et appuyant avec une sorte de rage les molettes de ses éperons sur les flancs de l'impétueux animal, il le fit bondir en avant et le lança à toute vitesse sur la route poudreuse que bordaient à l'horizon les futaies séculaires du parc seigneurial.

M. de Polart, le regard joyeux et le sourire aux lèvres, le regarda s'éloigner.

— Voilà un pauvre garçon, — se disait-il, — qui me maudit en ce moment du meilleur de son cœur !... — Pourvu que dans sa course folle il n'aille pas se casser le cou !... — il emporterait avec lui mes cinquante mille écus dans l'autre monde, et cela ne ferait point mon affaire... — Mais, bah ! son cheval a les jambes sûres, et lui-même est un écuyer de première force... — il arrivera sain et sauf, et sans encombre...

Rassuré par ces réflexions, le baron de Polart rendit la main à sa monture, mais sans la pousser comme Gontran faisait de la sienne, et il se remit en route à un trot modéré, tout en sifflottant du bout des lèvres un air de polka.

Cependant le cheval de Gontran continuait à courir ou plutôt à voler comme un tourbillon chassé par les rafales du vent de décembre, et, non content de cette allure furibonde, le jeune homme l'excitait encore avec les éperons, la cravache et la voix.

N'étaient le costume du cavalier, l'heure et le lieu de la scène qui ne prêtaient que médiocrement au fantastique, on aurait pu comparer Gontran au pâle cavalier de la ballade de Burger : *Hurrah ! les morts vont vite !!*

A coup sûr, ce n'était pas dans le but d'arriver vite que le vicomte accélérait ainsi les élans désordonnés d'une course presqu'effrayante...

En dévorant l'espace, — en fendant l'air comme le boulet qui vient de s'échapper de la gueule tonnante du canon, Gontran voulait s'étourdir, — il s'efforçait d'oublier.

Des milliers d'étincelles passaient devant ses yeux, — des bruissements bizarres remplissaient ses oreilles, — le vide se faisait dans ces cases du cerveau qui recèlent la mémoire et la prévoyance. — La sensation remplaçait la pensée.

Cet état, qui tenait à la fois du vertige et de l'ivresse, constituait pour Gontran un bonheur relatif très-réel, mais peu durable, car au bout de moins d'un quart d'heure les pavés de la cour résonnaient sous les fers du cheval tout blanc d'écume qui s'arrêtait de lui-même devant le perron.

Gontran était arrivé.

Machinalement il mit pied à terre et, sans avoir rencontré personne, il gagna son appartement dans lequel il s'enferma.

Là il se laissa tomber sur un siège, et à peine quelques minutes s'étaient-elles écoulées que déjà toutes les pensées funestes momentanément chassées par lui revenaient en foule l'assaillir.

Avec une terreur et un désespoir croissants il envisagea sa situation telle qu'elle était, et pour la première fois de sa vie il réfléchit sur le mal qu'il avait toujours trouvé moyen de se faire à lui-même.

Il réfléchit,—disons-nous,—mais ainsi que peuvent réfléchir un esprit faussé et une intelligence viciée et dépravée profondément. — Gontran maudit et déplora les fautes qui l'avaient amené sur le bord d'un abîme dans lequel, selon toute apparence, il allait fatalement tomber, mais il ne se repentit point d'avoir commis ces fautes... — il eut des regrets, mais non pas des remords, — il ne se reprocha rien, si ce n'est sa maladresse.

La honteuse dépendance dans laquelle il se trouvait placé vis-à-vis du baron de Polart le faisait pleurer de rage, — il rougissait de s'être laissé prendre comme un niais en accomplissant un crime, — mais il ne rougissait pas du crime en lui-même.

Pendant quelques instants le désespoir de Gontran fut tel, que, sur le coup de la surexcitation nerveuse produite par ce désespoir, le jeune homme eut très-sérieusement la pensée de recourir au suicide, et de chercher dans la tombe le repos qu'il lui semblait désormais impossible de trouver dans la vie.

— Ah! — murmura-t-il, — ce misérable baron de Polart croit et dit qu'au dernier moment le courage me manquera et que je ne saurai pas mourir... — Eh! bien, il verra qu'il s'est trompé, et les hideuses spéculations basées sur l'état d'esclavage dans lequel il me tient et dans lequel il croit me garder, avorteront honteusement!... — Vous avez voulu trop, monsieur le baron de Polart! — Eh bien! vous n'aurez plus rien !!...

Au milieu de l'un des panneaux de la chambre à coucher de Gontran se trouvait une très-remarquable panoplie.

Le jeune homme s'en approcha.

Des fusils de chasse, — des pistolets de tir, — des fleurets, — des épées de combat, se mêlaient dans un désordre pittoresque aux lourdes rapières du moyen âge, — aux poignards de Venise, — aux lames de Tolède dont le drame et le roman d'il y a quinze ans ont fait un abus si déplorable, — enfin aux armes bizarres et vénéneuses de l'Orient.

Après quelques secondes d'examen, Gontran arrêta son choix sur une paire de pistolets de Devismes, à double détente, à canons damasquinés et à crosses d'ébène.

Il décrocha ces pistolets, dignes de fixer l'attention par leur riche simplicité et surtout par leur admirable précision.

— Ceux-là du moins sont des amis fidèles et sur lesquels on peut compter jusqu'au bout!... — murmura le vicomte avec un accent mélodramatique.

A l'entendre ainsi parler on aurait pu croire qu'il était l'un de ces hommes qui, dans le cours d'une longue vie, n'ont trouvé que trahisons et que déceptions autour d'eux.

Or, depuis qu'il était au monde, Gontran, nous le savons, n'avait jamais eu qu'un seul ennemi, — acharné et infatigable, il est vrai! — et cet ennemi c'était lui-même.

Ils sont malheureusement plus communs qu'on ne pense, ces gens sans conscience et sans courage, qui, après avoir fait le malheur des autres, accusent les autres de leur propre malheur...

Quiconque possède un peu d'expérience se souviendra, en lisant ces lignes, d'avoir rencontré sur son chemin plus d'un de ceux dont nous parlons.

Revenons à Gontran.

Le jeune homme, avec une lenteur méthodique qui semblait le symptôme d'une résolution fortement arrêtée, versa de la poudre dans les canons des pistolets et enfonça avec un petit maillet d'ébène les balles qui devaient l'envoyer dans l'autre monde.

Ceci fait, il s'installa devant un bureau de marqueterie, chef-d'œuvre contemporain des premières années du règne de Louis XVI.

C'est sur ce petit bureau que madame de Presles écrivait habituellement, et, quelques mois après la mort de la comtesse, Gontran, sans même en demander l'autorisation au général, avait jugé convenable de se l'approprier et de donner l'ordre de le transporter dans son appartement.

— Il faut qu'on me regrette!... — murmura-t-il en trempant sa plume dans l'encre et en traçant les lignes suivantes :

« Mon père,

« Les quelques mots que je viens d'écrire et que vous lisez contiennent la dernière prière, le vœu suprême d'un mourant...

« Je vous ai bien souvent offensé, et je vous jure qu'en ce moment où mes yeux vont se fermer pour ne plus se rouvrir je le déplore et je m'en repens du plus profond de mon âme...

« Le terrible parti que je prends aujourd'hui vous affligera, j'en ai la douloureuse certitude... — Croyez bien que je ne puis agir autrement que je ne fais... — Des circonstances que, grâce au ciel, vous ne connaîtrez jamais, me font un devoir de quitter ce monde où je suis inutile et où je serais depuis longtemps à charge à tous ceux les miens s'ils n'avaient au fond de l'âme une si large et si inépuisable indulgence...

« Je vous supplie donc de me pardonner ma mort, comme, tant de fois, vous m'avez pardonné ma vie...

« Voici, bien certainement, le dernier chagrin que je vous donnerai...

« Dites à mes deux sœurs, Diane et Blanche, que pour elles et pour vous c'est ma pensée suprême, et que je leur demande de penser à leur frère sans amertume et de prier pour lui.

« Adieu, mon père, — dans trois minutes vous n'aurez plus de fils...

« *Gontran de Presles.* »

Le vicomte relut cette épître, non sans quelque satisfaction d'amour-propre et se dit :

— Il me semble que ce n'est pas mal... — Sans aucun doute il y a là-dedans de quoi fondre des cœurs de pierre... — Avant huit jours tous mes défauts seront oubliés, et l'on m'inventera des vertus... — Malheureusement je ne pourrai pas revenir pour voir cela... — C'est grand dommage!...

Gontran prépara une seconde feuille de papier, après avoir plié et mis sous enveloppe la lettre destinée à son père, et écrivit :

« Décidément, monsieur le baron (puisque tel est le titre que vous jugez convenable de vous donner), vous avez joué avec moi un jeu de dupe... — Vous me faisiez sentir trop rudement ma chaîne, — je la brise et je vous échappe...

« Au dernier moment — (prétendiez-vous) — le courage me ferait défaut...

« Il paraît que vous étiez un mauvais prophète...

« Je vous dis pas : *au revoir,* monsieur le baron, — car je ne vous reverrai plus, et ceci me cause un plaisir réel dans les circonstances assez graves où je me trouve...

« Quoique la maison de Polart soit alliée d'assez près à la maison de Presles — (du moins, c'est vous qui le dites... — il est vrai que vous ne le prouvez pas...) — je vous autorise de bien grand cœur à ne point porter mon deuil...

« Je termine en vous souhaitant pour l'avenir des combinaisons plus adroites et des spéculations plus heureuses que celle qui va s'écrouler, grâce au pistolet que tient en ce moment dans sa main droite votre serviteur fort peu dévoué!

« *Le vicomte Gontran de Presles.* »

Et, après avoir mis sous enveloppe et écrit sur l'adresse : *A monsieur le baron de Polart, hôtel de la Marine royale à Toulon,* le jeune homme alluma une bougie afin de cacheter les deux lettres.

XII

Une seconde idée de Gontran.

Gontran alluma une bougie, — disions-nous à la fin du chapitre précédent, — et il se mit en devoir de cacheter les deux lettres qu'il venait d'écrire.

Mais à peine avait-il enflammé la cire odorante sur laquelle l'empreinte de son blason devait se détacher en relief, qu'il s'interrompit dans ce travail commencé.

« Il y a bien loin de la coupe aux lèvres ! » du moins *la sagesse des Nations* l'affirme.

Entre la première pensée du suicide et la réalisation de cette pensée, il y a plus loin encore.

Gontran avait été de très-bonne foi en prenant la résolution de se brûler la cervelle, aussi bien qu'en écrivant les deux lettres que nous avons reproduites.

Soudain le vent tourna... — Un revirement brusque se fit dans la manière dont le jeune homme envisageait sa situation.

Un vague sourire se dessina sur ses lèvres pâlies. — Une flamme passagère brilla dans ses yeux ternis.

— Il faut convenir — murmura-t-il, — que je suis vraiment trop bête !!

« Cinq minutes de plus et j'allais jouer un rôle de dupe et d'imbécile !...

« Me tuer !...

« Et pourquoi donc cela, s'il vous plaît ?...

« Ma mort ne nuirait à personne et serait utile à tout le monde... et tout le monde, par conséquent, ferait des gorges chaudes au sujet de ma stupidité invraisemblable !...

« D'abord, aussitôt que je serais mort, le baron de Polart viendrait présenter à mon père le mandat de cinquante mille francs qui porte sa signature, et, dans la crainte de laisser déshonorer ma mémoire, mon père payerait sans la moindre difficulté !...

« Ensuite, à l'âge de mon père, et dans l'état d'affaissement rapide et prématuré où il se trouve, il est peu probable — (quoi qu'en ait dit le baron de Polart) — que la succession se fasse bien longtemps attendre... — Or, en me tuant, j'augmente de cinq ou six cent mille francs, comme un niais, la fortune de chacune de mes chères sœurs !... — Je vois d'ici Georges Herbert se frotter les mains en suivant mon enterrement, car il ne peut pas me souffrir, mon aimable beau-frère !...

« Allons, allons, très-décidément j'agissais comme un nigaud !... Par bonheur il est grandement temps de m'arrêter et je m'arrête...

« D'ailleurs, il me vient une idée dont le résultat sera merveilleux si je suis assez habile pour la réaliser... — si j'échoue, au contraire, ma position ne saurait s'aggraver en aucune sorte...

— Dès demain j'essaierai, et peut-être la fortune, qui me persécute depuis si longtemps, se décidera-t-elle enfin à me redevenir favorable !...

Après avoir formulé ce long monologue, Gontran alluma à la flamme de la bougie les deux lettres devenues inutiles et les jeta tout embrasées dans la cheminée.

Il replaça les pistolets chargés dans la panoplie.

Il choisit un cigare avec des précautions minutieuses et il descendit dans le parc, afin de mûrir dans le silence et la méditation, le plan qui venait de se présenter à son esprit et dont il attendait, nous le savons, les plus heureux résultats.

Le jeune homme ne retourna pas à Toulon ce jour-là, et il se montra de la gaîté la plus charmante pendant le repas de famille auquel le général, un peu souffrant, n'assista point.

Hâtons-nous d'ajouter que Georges et Diane évitèrent de parler de M. de Polart, à l'endroit duquel nous connaissons leur opinion.

§

Le lendemain, de bonne heure, Gontran fit seller son cheval afin de se rendre à l'invitation du baron qui, nous le savons, donnait à déjeuner à quelques membres choisis du Cercle du commerce et des arts.

Ce digne baron (soit dit entre parenthèses) devait bien ce petit dédommagement à ses compagnons de jeu, car depuis un certain nombre de jours la veine avait complètement tourné, et les jeunes Toulonnais, bien loin de s'enrichir des dépouilles de l'étranger, voyaient leur argent passer dans ses poches avec une régularité désespérante.

Deux ou trois avaient essayé de manifester quelque étonnement au sujet de cette chance si brillante et si soutenue...

Une clameur générale de désapprobation les avait réduits au silence. — Le moyen, en effet, de soupçonner d'une tricherie un homme aussi parfaitement distingué que M. le baron de Polart ?... un joueur qui, lors de ses débuts au cercle, avait perdu largement et avec une noblesse digne des plus grands éloges.

Gontran seul savait le mieux du monde à quoi s'en tenir sur l'heureuse veine du baron...

Mais Gontran ne disait rien et pour cause.

Avant de quitter le château et de prendre le chemin de Toulon, le jeune homme fit, comme la veille, une longue station devant la panoplie de sa chambre à coucher, — seulement ses intentions n'étaient plus les mêmes que la veille.

Il décrocha et il étala sur le bureau de marqueterie que nous connaissons une demi-douzaine de poignards, de stylets et de couteaux de chasse. — Ces derniers furent d'ailleurs écartés presqu'aussitôt, et toute son attention se concentra sur les armes de plus petite dimension.

Parmi ces derniers il fit choix d'un poignard vénitien du plus pur acier, à lame courte et large et médiocrement effilée.

Après avoir examiné longuement cette lame et s'être assuré des propriétés de résistance qu'elle possédait malgré sa souplesse, il la fit rentrer dans sa gaine de velours cramoisi brodé d'argent, et il mit cette gaine dans la poche de côté de son habit.

Disons tout de suite, afin de rassurer celles de nos charmantes lectrices dont les nerfs sont facilement impressionnables, que pendant toute la durée de l'examen qui précède aucune expression sinistre n'était venue se peindre sur la physionomie calme du jeune homme et que, selon toute apparence, ce n'était point à des pensées de meurtre et de sang que se livrait en ce moment son esprit...

Que voulait-il donc faire du poignard choisi par lui avec tant de soin ?...

Nous ne tarderons guère à le savoir.

Ses préparatifs terminés, Gontran se mit en selle et partit au galop.

A une lieue environ du château, il rencontra Marcel de Labardès et Raoul de Simeuse dans un phaéton que Marcel conduisait lui-même.

Le vicomte arrêta son cheval et tendit la main au jeune homme et à l'ex-officier, quoiqu'il ne se dissimulât point la répulsion que ce dernier éprouvait pour lui.

— Bonjour, messieurs, — leur dit-il, — est-ce que, par hasard, vous allez au château ?...

— Oui... — répondit Marcel.

— Tant pis...

— Pourquoi ?...

— Parce que vous me faites regretter une absence qui me privera du plaisir de vous recevoir...

— Eh bien, mon cher Gontran, — fit Raoul qui, nous le savons, voulait être agréable malgré tout au frère de sa Blanche bien-aimée, — qui vous empêche de rebrousser chemin et de revenir avec nous ?...

— Je voudrais le pouvoir... mais, malheureusement, c'est impossible... — j'ai accepté une invitation pour ce matin.

— Ne devinez-vous pas, Raoul, — dit Marcel d'une voix légèrement ironique, — que le vicomte a rendez-vous avec son nouvel et inséparable ami le baron de Polart ?...

— Est-ce que vous connaissez le baron, monsieur de Labardès ? — demanda Gontran, étonné du ton de son interlocuteur.

— Non, grâce au ciel ! — Je l'ai vu hier pour la première fois de ma vie, mais cela me suffit pour être parfaitement certain que monsieur est un coquin de la pire espèce, et vous me serez très-agréable, je vous l'affirme, si vous voulez bien vous charger de le lui répéter de ma part...

— Ma foi, — répondit Gontran avec un sourire un peu contraint, — je vous avouerai que je préfère ne point me charger de votre commission. — J'ajouterai que je ne partage en aucune façon la manière de voir que vous venez d'exprimer avec tant d'énergie.

— Si vous ne la partagez pas, tant pis pour vous !... — répliqua Marcel. — Je crois être bon prophète en vous prédisant que vous ne tarderez guère à penser comme moi... — Peut-être alors sera-t-il trop tard...

Gontran fut bien contraint de convenir vis-à-vis de lui-même que la perspicacité de M. de Labardès n'était point en défaut ; — mais il n'en témoigna rien et se contenta de répondre :

— Vous êtes sévère !...

— Non, je suis juste... — l'avenir vous le prouvera d'une façon surabondante... — Croyez d'ailleurs, monsieur le vicomte, que je ne me permets de vous parler ainsi qu'en raison du profond et respectueux intérêt que m'inspirent tous les vôtres, car je sais à merveille que vous êtes le seul maître de vos actions, et que vos liaisons ne me regardent pas...

Puis, par transition, Marcel ajouta :

— Comment se porte le général, ce matin ?

— Bien, je crois, — répondit Gontran, — car je ne l'ai pas vu avant de me mettre en route...

— Tendresse filiale vraiment touchante !... — pensa M. de Labardès.

— Et ces dames ? — demanda Raoul.

— Au moment de quitter ma chambre, j'ai appris par un domestique que mes sœurs se promenaient ensemble dans le parc... — Vous les y trouverez sans doute encore... — Au revoir, messieurs, je ne veux pas vous retarder plus longtemps...

— Au revoir ! — répliqua Marcel, — et, croyez-moi, défaites-vous de votre baron de Polart...

De nouvelles poignées de main furent échangées, puis M. de Labardès toucha ses chevaux du bout de son fouet, tandis que Gontran éperonnait sa monture.

Le phaéton et le cavalier s'éloignèrent rapidement dans des sens différents.

Trois quarts d'heure après, Gontran mettait pied à terre et livrait son cheval aux soins des garçons d'écurie de l'*Hôtel de la Marine royale*.

§

L'endroit choisi par M. de Polart pour le grand déjeuner qu'il donnait ce jour-là était ce café-restaurant que nous connaissons déjà pour y avoir conduit nos lecteurs à la suite de notre ami Marcel de Labardès, alors simple lieutenant d'infanterie, le 9 mai de l'année 1830.

Peut-être nos lecteurs n'ont-ils pas oublié que dans ce café avait eu lieu la première rencontre de Marcel et de Georges Herbert, — rencontre qui devait être le point de départ d'une liaison tellement intime et d'une affection si dévouée de part et d'autre.

Le propriétaire du restaurant était toujours M. Loustalot.

Dix-sept ans avaient passé sans presque laisser de traces sur le petit homme au ventre proéminent, aux pommettes rouges et luisantes.

Plus que jamais, et dès le matin, on le voyait aller et venir, avec une agilité surprenante, correctement vêtu d'un pantalon noir, d'un gilet noir, d'un habit noir et d'une cravate blanche.

Si le maître de la maison n'était point changé, on ne pouvait en dire autant de l'établissement.

M. Loustalot, en homme intelligent, n'avait reculé devant aucun sacrifice pour conserver ou pour augmenter la vogue dont jouissait sa maison.

Le goût du luxe s'étant généralisé, et Paris ayant fait invasion dans les provinces, M. Loustalot avait chargé les plus habiles décorateurs de Marseille de métamorphoser le café en un véritable Eldorado ; et les artistes, comme bien on pense, s'étaient empressés de le satisfaire.

Ce café, maintenant, étincelait de dorures ; toutes les divinités de l'Olympe étalaient sur le plafond, peint à fresque, leurs formes attrayantes et leurs carnations à la Rubens.

Ce n'était, dans chaque panneau, que nymphes et bacchantes, jetant des fleurs, semant des fruits, et réjouissant le regard par les trésors de chair blanche et rose indiscrètement prodigués.

Voilà pour le rez-de-chaussée.

Au premier étage M. Loustalot avait fait décorer, avec non moins de luxe et de bon goût, un vaste salon et une demi-douzaine de petite pièces mystérieuses pourvues de divans capitonnés et de tous les autres accessoires d'un confort vraiment parisien.

A l'instar des restaurants de la grande ville, une petite porte dérobée, donnant accès sur un escalier revêtu d'un tapis rouge, s'ouvrait sur le côté de la maison, et, au-dessus de cette porte, on lisait sur une glace dépolie qui s'éclairait le soir :

Entrée particulière des salons et des cabinets.

Grâce à ces améliorations sans nombre et à ces heureuses innovations, grâce aussi à la qualité tout à fait supérieure des vieux vins des meilleurs crus qui remplissaient les caves, l'établissement de Loustalot avait conquis une prospérité qui faisait l'envie et le désespoir de ses concurrents, et qui gonflait son propriétaire de toute la satisfaction d'un légitime orgueil.

Le restaurant Loustalot jouissait à Toulon de la réputation que méritent et qu'obtiennent à Paris le *Café Anglais*, le *Café Riche* ou *les Frères Provençaux*.

Les *viveurs* toulonnais se seraient crus déshonorés s'ils avaient pris leurs repas ailleurs que dans cette maison à la clientèle aristocratique ; — les officiers de la marine, en se rencontrant à quelques milliers de lieues de la France, se donnaient rendez-vous en de fraternelles agapes dans les salons de Loustalot, lorsque l'heure du retour aurait sonné.

Enfin les sept huitièmes des bonnes fortunes du demi-monde provençal trouvaient leur dénouement dans ces mystérieux cabinets galamment capitonnés dont nous avons parlé tout à l'heure.

Les choses étant ainsi que nous venons de le dire, nos lecteurs comprendront sans peine que le choix du baron de Polart ne pouvait manquer de se fixer sur le restaurant Loustalot.

Au moment où Gontran franchit le seuil du grand salon du premier étage, tous les autres convives, au nombre de six, s'y trouvaient déjà réunis.

Loustalot, plus que jamais en cravate blanche, et la serviette de maître d'hôtel sous le bras, recevait avec force courbettes et salutations pleines d'une déférence mystérieuse les derniers ordres du baron de Polart.

Les invités, — c'est-à-dire ce que l'on peut citer de fleur des pois du Cercle du Commerce et des Arts, — se mettaient en appétit en dégustant petites gorgées cette boisson longue et perfide qu'on appelle *absinthe*, et qui donne la couleur irisée de la pulpe aux grandes averses mousseuses en forme de tulipe, remplis d'eau glacée. — Ce vice inexplicable inconnu sauvage, qui se consomme devant tout et dont l'usage, chez un peuple civilisé, semble incompréhensible et inexplicable.

— Oui, — pensa Gontran, — vous m'avez l'air de tendre à l'ivrognerie comme on le fait plus loin dans le Midi, comme on en cite par nous un peu plus habituellement.

Nous n'entrerons point dans la description d'une ornementation qui, pour être luxueuse, n'en était pas moins parfaitement vulgaire, comme l'est toute chose qui ne jaillit uniquement et en vue du public et qui n'est pas présidée par une inspiration de fantaisie, ni par une ressource du génie artistique.

Contentons-nous de dire qu'auprès de chaque couvert se dressaient une dizaine de verres de dimensions différentes, et qu'à côté d'un rafraîchissoir en argent ciselé dans lequel une bouteille de Champagne rosé se congelait à demi.

Sur le marbre blanc d'une immense console dorée, un formidable escadron de bouteilles attiraient et réjouissaient le regard par la variété de leurs formes et par la vénérable couche de toiles d'araignée, témoignage irrécusable de leur grand âge.

Il n'est pas un de nos lecteurs qui ne sache par expérience ce que c'est qu'un déjeuner de garçons.

âge, car Loustalot n'était pas homme à recourir aux charlatanismes fripons de notre époque pour donner aux produits de sa cave un aspect quasi centenaire, en vieillissant à l'aide de ces préparations si connues des marchands de Paris, de jeunes bouteilles pleines de jeunes vins!...

Oh! Loustalot! parangon de la loyauté culinaire et de la sincérité vinicole, — introuvable phénix en ce siècle filou, salut!... trois fois salut!!...

Pardonnez-nous, chers lecteurs, cet accès de lyrisme involontaire et intempestif...

Nous revenons à nos moutons.

Un joyeux hourrah accueillit l'entrée de Gontran.

Le baron de Polart, — son excellent ami, — s'avança vers lui les bras ouverts et le serra contre sa poitrine, cuirassée de piqué blanc, avec les plus chaleureuses démonstrations de vive sympathie.

—Bravo! cher vicomte! — s'écria-t-il, — vous le voyez, nous n'attendions plus que vous...

— Suis-je en retard? — demanda Gontran.

— Non pas, — vous êtes même en avance de cinq minutes, et cependant, mes amis et moi nous étions presque tristes de ne point vous voir arriver...

Puis, se tournant vers le maître de la maison, M. de Polart ajouta :

— Maintenant, nous voici au grand complet; — vous pouvez faire servir quand vous voudrez, Loustalot...

— A l'instant même, monsieur le baron...

Le restaurateur fit une dernière courbette avec la souplesse d'une marionnette de caoutchouc, et sortit.

M. de Polart emmena Gontran dans l'embrasure d'une croisée, et lui demanda à mi-voix :

— Eh bien! vicomte, cette invitation l'avez-vous?...

— Pas encore...

Le baron fronça le sourcil.

Gontran se hâta de répondre.

— Mais j'ai dit quelques mots ce matin à mon père du désir bien naturel que je ressentais de vous voir assis à notre table, et j'ai vu dès les premiers mots que la chose ne souffrirait pas l'ombre d'une difficulté...

— A merveille! — voilà qui va bien, et j'en suis enchanté, mon cher vicomte, beaucoup plus pour vous que pour moi; car lorsque je me suis mis quelque chose en tête, il faut à tout prix que cette chose se fasse, et je ferais crouler le monde, au besoin, pour me procurer une noisette dont j'aurais la fantaisie...

Gontran déguisa sous un sourire un peu contraint l'angoisse qui s'emparait de lui en écoutant les paroles de M. de Polart.

— Vous n'aurez pas besoin de faire crouler le monde, mon cher baron! — répondit-il, — et toutes choses iront au gré de vos désirs.

M. de Polart saisit la main de Gontran et la secoua avec un air de cordialité complète, en répliquant :

— Sur mon honneur, j'en suis ravi, et nous resterons de parfaits amis, ce qui me rendra plus joyeux que je ne saurais vous le dire, car, le diable m'emporte! mon cher vicomte, je vous aime à la folie!!...

— Oui, — pensa Gontran, — vous m'aimez comme le chasseur aime le gibier, comme le loup aime le mouton, comme le milan aime l'alouette!...

En ce moment, quatre valets firent une entrée solennelle et placèrent sur les réchauds d'argent des plats d'où s'exhalait un fumet délicieux.

Loustalot les suivait avec dignité.

— Monsieur le baron est servi! — dit-il en ployant de nouveau son échine élastique.

— A table! messieurs, à table!! — fit M. de Polart. — Un bon déjeuner ressemble à un roi. — Ni l'un ni l'autre ne doivent attendre!!

XIII

Suite de la seconde idée de Gontran.

Il n'est pas un de nos lecteurs qui ne sache par expérience ce que c'est qu'un déjeuner de garçons.

Plus d'une fois, dans de précédents ouvrages, nous avons décrit nous-même quelques-unes de ces réunions joyeuses jusqu'à la folie, où la raison disparaît à mesure que les flacons se succèdent, et où, presque toujours, les convives se grisent plus encore avec leurs paroles qu'avec les vins capiteux.

Il nous semble donc parfaitement inutile de répéter ici ce que nous avons dit ailleurs.

Nous trouvons à nous abstenir un double avantage.

D'abord celui de faire acte de probité littéraire en ne saisissant point avec empressement l'occasion de nous copier nous-même, ainsi qu'hélas! nous l'avons fait plus d'une fois jadis... — Ceci soit dit en toute humilité et avec une parfaite contrition.

Le second bénéfice de notre abstention est de nous permettre de rester dans le vif de notre récit, et par conséquent d'éviter un très-sérieux ralentissement d'intérêt.

Nous allons donc laisser s'écouler un intervalle de quatre ou cinq heures, et nous ne rentrerons dans le salon de Loustalot qu'au moment où le repas venait de s'achever.

La table offrait, à très-peu de choses près, le coup d'œil d'une ville prise d'assaut et saccagée par une soldatesque effrénée.

Des bouteilles renversées, des flacons de liqueurs répandant leur contenu sur la nappe, gisaient à côté des plats de dessert mis au pillage.

Au milieu de tous ces débris se voyait une grande coupe pleine de cigares.

Une fumée épaisse remplissait le salon et ne parvenait qu'à grand'peine à s'échapper par les fenêtres entr'ouvertes.

Quelques-uns des convives se trouvaient dans cet état plein de béatitude qui est l'un des degrés de l'ivresse. — Ceux-là, pareils à des Chinois fumeurs d'opium, s'absorbaient dans une muette extase, et, renversés sur le dossier de leur siége, les bras pendants, le cigare aux dents, ne songeant à rien, si ce n'est au bien-être matériel qu'ils ressentaient, suivaient d'un œil ravi les volutes de fumée bleuâtre qui s'exhalaient de leurs lèvres et qui tourbillonnaient longuement avant de s'aller confondre avec les vapeurs odorantes amoncelées au plafond.

D'autres, plus bruyants, et chez lesquels l'excitation du vin développait outre mesure la verve provençale, parlaient sans cesse, sans s'inquiéter d'être entendus, et sans ambitionner de réponse.

Le bruit de leur voix leur semblait la musique la plus charmante et la plus joyeuse.

D'autres, enfin, chantaient avec une satisfaction intime sans mélange des refrains érotiques ou bachiques.

Parmi tous les hommes assis autour de cette table trop hospitalière, deux seulement n'avaient rien perdu de leur sang-froid.

C'étaient le baron de Polart et Gontran de Presles.

L'un comme l'autre s'étaient ménagés pendant toute la durée du repas.

Seulement, M. de Polart assistait en souriant aux extravagances de ses amis, tandis que Gontran, jouant une habile comédie dans un but encore inconnu, feignait d'être le plus complétement ivre de tous les jeunes gens et se livrait à toutes sortes de démonstrations tapageuses afin d'attirer sur lui l'attention.

Parfois le baron lui jetait à la dérobée un regard d'une expression douteuse, et haussait imperceptiblement les épaules, lorsque quelque bizarre excentricité du jeune homme faisait éclater l'hilarité générale.

Gontran, tout à son rôle, ne s'apercevait point de cette surveillance occulte exercée sur lui par l'amphitryon.

— Messieurs, — dit tout à coup ce dernier, — je demande à faire une proposition...

Les clameurs, les propos interrompus, les chansons, s'éteignirent aussitôt.

Le baron poursuivit :

— Ne vous semble-t-il pas que nous perdons un temps qui pourrait être mieux employé?

Personne ne répondit.

La presque totalité des convives se trouvait parfaitement satisfaite de l'emploi du temps... — D'ailleurs, pour se former une opinion quelconque il fallait réfléchir, et les têtes les plus solides étaient en ce moment fort peu capables de réflexion.

— Je propose une partie de lansquenet... — continua M. de Polart.

Ces mots produisirent l'effet d'une étincelle tombant sur une traînée de poudre.

Les intelligences, engourdies par le vin et la digestion, se ranimèrent aussitôt.

Une lueur expressive brilla dans les prunelles les plus endormies.

La passion du jeu, un instant endormie, se réveillait. — Un joueur ne saurait longtemps oublier les cartes, pas plus qu'un libertin ne pourrait se distraire des faciles amours.

— Oui... oui... — répondirent toutes les voix avec la plus touchante unanimité, — le lansquenet !... le lansquenet !...

— Je savais d'avance que ma proposition vous conviendrait... — répliqua M. de Polart en souriant. — Je vous connais trop bien pour douter de vous...

En parlant ainsi, le baron agita une petite sonnette d'argent qui se trouvait à côté de son couvert.

Loustalot parut aussitôt.

M. de Polart lui donna l'ordre de faire desservir et d'apporter des cartes.

Au bout d'un peu moins de cinq minutes, toute trace du déjeuner avait disparu ; — un grand tapis remplaçait la nappe, et sur ce tapis s'étalaient une vingtaine de jeux de cartes dont on venait de briser les enveloppes.

Notre intention n'est point de faire assister nos lecteurs aux péripéties de la partie qui s'engagea sans retard.

Disons seulement que Gontran, dont l'ivresse paraissait redoubler de minute en minute et qui semblait ne pouvoir qu'à peine tenir ses cartes, eut une veine constamment favorable, et que trois ou quatre *mains* heureuses mirent dans ses poches une demi-douzaine de mille francs en billets de banque et en or.

Tout en jouant, et tout en gagnant, il ne se tenait debout et ne tournait ses cartes — (du moins en apparence), — qu'avec la difficulté la plus grande ; — sa tête se balançait de droite à gauche, flottait en avant et en arrière ; — ses paupières clignottantes battaient de l'aile sur ses prunelles ; — il jetait machinalement ses cartes, une à une, dans l'ordre voulu, et il fallait toujours que la galerie l'arrêtât au moment où le sort venait de se déclarer en sa faveur, car il ne s'en apercevait pas.

Après la dernière de ces *mains* dont nous venons de parler l'ébriosité croissante de Gontran atteignit des proportions affligeantes. — Les jambes du jeune homme se dérobèrent sous lui, et ce fut à grand'peine qu'il arriva, en titubant, jusqu'auprès d'un divan sur lequel il s'étendit.

Une demi-minute ne s'était point écoulée qu'il dormait d'un profond sommeil et, qui plus est, qu'il ronflait.

Pendant ce temps, la partie continuait.

Lorsque les cartes eurent fait le tour du cercle et qu'elles furent arrivées à la place que Gontran avait occupée jusque-là, le jeu fut interrompu.

— Vicomte ! — cria-t-on, — vicomte, c'est à vous...

Un sourd grognement de Gontran fut sa seule réponse.

L'un des joueurs quitta la table, se dirigea vers le divan et secoua le dormeur.

Gontran n'ouvrit pas les yeux, mais il serra les poings, et son grognement prit une expression de colère et de menace.

— Mon cher vicomte, — fit le jeune homme, — je vous dérange dans votre intérêt... — Réveillez-vous... — c'est à vous qu'est la main...

Les lèvres de Gontran s'entr'ouvrirent et articulèrent d'une façon à peu près distincte ces trois mots :

— Allez au diable !

Un éclat de rire universel accueillit cette répartie d'un homme troublé dans ce lourd sommeil que les excès de table traînent à leur suite.

Le joueur ne se laissa pas décourager par le mauvais succès de ses premières tentatives.

Il se pencha sur Gontran, et, approchant ses lèvres de l'oreille du dormeur, il cria de toute la force de ses poumons :

— Eh ! vicomte, vous ne m'avez donc pas entendu ?... Je vous dis que votre *main* est arrivée...

Cette fois, Gontran ouvrit les yeux.

— Sacrebleu ! — balbutia-t-il, — me laisserez-vous en repos !

— Mais...

— Bonsoir !

— Ainsi, vous ne jouez plus ?

— Non... — Bonsoir !

— Comme ça, vous faites *charlemagne ?*

— Charlemagne était un grand roi... — Bonsoir !

Et Gontran se retourna.

— En voilà assez ! — crièrent tous les joueurs. — Il est gris comme trente-cinq Polonais... — laissez-le tranquille, et continuons...

— Sa place était bonne, — fit quelqu'un, — je la prends...

La partie, un instant arrêtée, recommença de plus belle.

Un peu de temps s'écoula encore.

On atteignit cette heure indécise qui n'est plus le jour et qui n'est pas encore la nuit. — Une obscurité transparente descendait du ciel, et la brise du soir apportait un peu de fraîcheur aux grèves altérées de la Provence.

Aucun des joueurs ne songeait à profiter de cette belle soirée en allant sur le port respirer les parfums vivifiants de la brise marine qui vient avec le crépuscule.

De même que M. de Polart avait sonné pour demander des cartes, il sonna pour faire apporter des lumières.

Quelques jeunes gens profitèrent de cet instant d'entr'acte, et quittèrent le salon pendant deux ou trois minutes.

Gontran se souleva sur le divan qui lui servait de couche, — étendit les bras, — bâilla avec énergie à plusieurs reprises, et finit par se mettre tant bien que mal sur ses jambes.

Une fois debout, il se dirigea vers la porte qu'il atteignit tout en vacillant et en tournoyant.

— Vicomte, — lui dit quelqu'un, — prenez garde de tomber !...

— Tomber ! — répliqua Gontran, avec l'irascibilité nerveuse de l'homme ivre qui ne veut pas qu'on s'aperçoive de son ivresse, — je prends le mot comme une insulte... j'attends vos témoins... et je suis plus solide que vous !...

Tout en prononçant, ou plutôt en bégayant ces paroles entrecoupées par force hoquets, le vicomte de Presles avait ouvert la porte qu'il referma violemment derrière lui.

Une fois dans l'antichambre, il prit le premier chapeau qui s'offrit à lui, l'enfonça sur sa tête, et s'engagea dans l'escalier en se soutenant à la rampe et en paraissant plus complètement ivre que jamais.

Loustalot le vit passer, le salua respectueusement, et formula en manière d'aparté cette réflexion philosophique :

— Si cependant c'était un pauvre diable qui se mît dans des états pareils, on dirait que c'est un ivrogne... mais c'est M. le vicomte de Presles, et personne ne dira rien... — Foi de Loustalot, il n'y a pas grande justice en ce monde !...

Gontran avait quitté la maison du restaurateur, et d'un pied trébuchant et incertain il s'aventurait dans la rue.

Au bout d'une centaine de pas, qui lui prirent bien cinq minutes, il rencontra une seconde rue coupant la première à angle droit.

A peine eut-il tourné cet angle, qu'un changement subit et prodigieux se fit en lui.

Sa démarche flottante redevint sans transition ferme et assurée ; — son jarret perdit sa mollesse, — ses jambes reprirent leur vigueur et leur élasticité.

En un mot, tout symptôme d'ivresse s'effaça comme par enchantement, et le jeune homme, non content de marcher à son pas habituel, prit sa course la plus rapide.

Cette course se dirigeait du côté de l'*Hôtel de la Marine royale*, qu'en moins d'un demi-quart d'heure Gontran atteignit.

Après avoir pris le temps de respirer pendant une minute, il entra dans le bureau de l'hôtel.

— Donnez-moi, je vous prie, la clef de M. de Polart, — dit-il au domestique qui se trouvait là.

— Monsieur le vicomte sait que monsieur le baron n'est pas chez lui ? — répliqua ce valet.

— Oui... oui... — Je le quitte à l'instant, et je vais l'attendre...

Le domestique connaissait Gontran; — il le voyait, en outre, venir presque chaque jour chez M. de Polart.

Il ne fit donc aucune difficulté de lui remettre la clef demandée, et il y joignit un bougeoir.

Gontran s'efforça de monter l'escalier avec calme. — Il aurait voulu s'élancer, bondir en avant, mais il se commandait à lui-même de conserver son pas habituel.

Il touchait au moment de réaliser le hardi projet qu'il avait conçu, et dont la réussite lui semblait désormais à peu près assurée.

Une violente émotion s'emparait de lui et décuplait le nombre et la violence des battements de son cœur.

Il gravissait lentement et une à une les marches du large escalier.

Par instants, il lui semblait entendre retentir un pas pressé derrière lui...

Il se retournait et ne voyait rien... — l'escalier était désert.

Enfin il atteignit la porte de l'appartement du baron. — Il eut toutes les peines du monde à introduire la clef dans la serrure, car un tremblement convulsif agitait sa main.

La porte s'ouvrit.

Gontran pénétra dans l'intérieur, en se disant à lui-même :
— Je suis sauvé !

XIV

Le dénouement de la seconde idée de Gontran.

Nous croyons avoir expliqué dans le cours de l'un des précédents chapitres que l'appartement du baron de Polart à l'*Hôtel de la Marine royale* était composé de trois pièces, — une antichambre, — un salon, — une chambre à coucher.

C'est dans l'antichambre que venait de pénétrer Gontran.

Involontairement, le jeune homme mit une vivacité si grande à refermer la porte derrière lui, que la violence du courant d'air éteignit la bougie qu'il tenait à la main.

Gontran se trouva dans une demi-obscurité.

Nous disons *demi-obscurité*, car la clarté du gaz des candélabres allumés dans la cour, de chaque côté du perron de l'hôtel, arrivait jusque dans les pièces du premier étage et combattait faiblement les ténèbres.

Gontran d'ailleurs, comme tous les fumeurs, avait sur lui une provision d'allumettes chimiques enfermées dans un petit étui en platine.

Il tira cet étui de sa poche, après avoir déposé son bougeoir sur un meuble, et il se mit en mesure de se procurer de la lumière.

La première allumette s'éteignit.

Au moment où il allait en essayer une seconde, il s'arrêta, tremblant, à la racine des cheveux baignée d'une sueur froide, et il jeta autour de lui un regard rempli de trouble et de terreur...

Il lui semblait qu'il n'était plus seul...

Il venait d'entendre à ses côtés, à deux pas à peine, un bruit bizarre, une sorte de martellement monotone et continu.

Il prêta l'oreille avec un redoublement d'attention...

Le bruit continuait, toujours le même, — il semblait seulement se rapprocher et s'accélérer de plus en plus.

D'où venait-il et qui donc se trouvait là, si près, invisible et présent, car, Gontran n'en pouvait douter, l'antichambre était vide ?...

Soudain un étrange sourire crispa les lèvres du jeune homme... il venait enfin de reconnaître la nature et l'origine de ce bruit... — c'était celui de son propre cœur dont l'émotion précipitait les battements !...

— En vérité, — murmura le vicomte, — je ne me reconnais — pourquoi donc suis-je faible à ce point ? — on dirait 'uri !... — allons, du courage... — un instant de retard peut tout compromettre... — j'irai d'un pas ferme jusqu'au bout !...

Cette résolution ainsi formulée, Gontran alluma son bougeoir d'une main qui ne tremblait plus, et, ouvrant la seconde porte, il pénétra dans le salon.

Ce salon, — la pièce d'honneur du plus bel appartement de l'hôtel, — était percé de quatre fenêtres.

Deux de ces fenêtres s'ouvraient sur la cour principale.

Les deux autres prenaient leur jour sur une arrière-cour dans laquelle se trouvaient les écuries et les remises.

Un espace de quelques pieds à peine les séparait du toit faiblement incliné d'un hangar faisant partie des dépendances de la maison.

Le salon était meublé et décoré avec ce luxe vulgaire et banal qui se retrouve dans tous les grands hôtels garnis de France, d'Europe et du monde, — si bien qu'à l'intérieur ils se ressemblent tous. — Qui en connaît un en connaît mille. — On dirait les épreuves identiques d'une photographie.

Décrirons-nous les six fauteuils et le canapé en palissandre recouverts de damas de soie rouge ? — les rideaux pareils au meuble ? — la table ronde avec son tapis de velours à franges ?... — la pendule dorée ? — les tableaux de vingt-cinq francs dans des cadres de cinquante écus ?...

A quoi bon ?...

Un seul des objets garnissant ce salon doit attirer notre attention, de même qu'il attira celle de Gontran.

C'était le secrétaire placé entre les deux fenêtres, du côté de l'arrière-cour.

Nos lecteurs se souviennent peut-être d'avoir vu le baron de Polart enfermer avec un soin religieux dans ce secrétaire le mandat de cinq cents francs métamorphosé en un mandat de cinquante mille, par l'habileté industrieuse du vicomte.

Gontran se disait que ce mandat se trouvait toujours à la même place, et rien n'était en effet plus vraisemblable.

Le jeune homme s'approcha du meuble qui renfermait la preuve irrécusable de son crime.

Il tira de sa gaîne le petit poignard dont nous l'avons vu se munir au château de Presles et il se mit en devoir de forcer la serrure avec la lame de ce poignard.

Cette besogne était d'autant plus difficile et d'autant plus longue que Gontran devait, par-dessus toutes choses, éviter de produire le moindre bruit en s'en acquittant.

En moins de quelques secondes, il comprit que son poignard ne saurait remplacer avantageusement ces crochets de fer avec lesquels les voleurs de profession ouvrent sans peine les serrures les plus compliquées et qu'ils ont baptisés du nom de *rossignols*.

Ici nous ouvrons une parenthèse.

Nous n'avons jamais pu venir à bout de découvrir quel bizarre concours de circonstances inexplicables avait fait donner aux instruments dont il s'agit ce nom harmonieux de *rossignols*.

Malgré notre désir bien vif et bien naturel de connaître les causes d'une semblable étymologie, nous avons dû nous borner à une conjecture.

Cette conjecture, la voici... — Nous la soumettons avec une modeste défiance à la perspicacité de nos lecteurs...

Peut-être les outils du vol ont-ils reçu le nom du roi des oiseaux chanteurs, parce que c'est la nuit surtout que les rossignols chantent et que les voleurs *travaillent*...

En formulant timidement la supposition plus ou moins vraisemblable que nous venons de hasarder, avons-nous été ingénieux ou nous sommes-nous montré idiot ?...

Voilà ce que nous ignorons tout à fait, et nous ne dissimulons pas qu'il nous serait particulièrement agréable de voir éclaircir à notre avantage ce point délicat.

Nous le savons d'avance, quelques-uns des *spirituels* lecteurs qui se croient le droit d'orner de leurs réflexions manuscrites les marges d'un volume loué vingt-cinq centimes, vont tracer d'une main satisfaite, en haut de la page, ces deux mots : *triple animal !...* ou l'équivalent...

A ceux-ci nous répondrons par un vers de Molière :

« Vous donnez sottement vos qualités aux autres !!... »

Sauf à nous entendre répliquer par eux :

« Fort impertinemment vous nous jetez les vôtres !!... »

Cela dit, ou plutôt écrit, nous fermons la parenthèse et nous rejoignons Gontran qui s'efforçait plus que jamais de faire jouer le pêne dans la serrure avec la pointe de son poignard.

Après quelques secondes d'efforts infructueux, il dut s'avouer à lui-même qu'en s'y prenant de cette façon il ne viendrait très-certainement point à bout de son œuvre et que l'acier se briserait sans résultat.

Il changea de système tout aussitôt et il entreprit d'introduire entre le pêne et la gâche la lame de son arme qui lui servirait ainsi de bascule.

De cette façon encore il échoua.

A demi découragé, mais cependant ne se considérant pas comme tout à fait vaincu, il attaqua le battant même du secrétaire, creusant peu à peu le bois autour de la serrure qu'il parviendrait ainsi à desceller.

Cette dernière manière de procéder était lente, mais d'un effet certain. — Chaque coup de poignard enlevait un éclat de palissandre et la serrure finit par se trouver presqu'entièrement à découvert.

L'arme de Gontran agit alors comme un levier irrésistible.

Un craquement se fit entendre, — la serrure, arrachée aux dernières vis qui la retenaient, sauta à dix pas.

Le battant du secrétaire s'abattit...

Un cri de triomphe jaillit des lèvres du jeune homme, mais se métamorphosa presqu'aussitôt en cri de terreur...

Un rire éclatant retentissait auprès de la porte entr'ouverte de l'antichambre, et la voix sonore et railleuse du baron de Polart disait :

— Bravo, vicomte !... — foi de gentilhomme, pour un début, voilà qui promet !... — à la façon dont vous commencez, je vois à merveille que, dans quelques mois, messieurs les forçats du bagne de Toulon solliciteront de vous des leçons que vous leur accorderez avec bienveillance, ainsi que cela se doit entre collègues !!... — Tudieu, mon gaillard, comme vous pratiquez l'effraction !!... — bravo !... bravo !...

A peine M. de Polart venait-il de prononcer ces dernières paroles, que Gontran, revenu de sa stupeur, mais la tête perdue, à demi fou de honte et de rage, ne sachant plus ce qu'il faisait et obéissant à un mouvement instinctif de violence et de fureur, se précipita sur lui, le poignard levé, avec l'intention parfaitement arrêtée de le frapper en pleine poitrine.

Le baron, sans manifester plus d'émotion que la veille, lorsque Gontran l'avait menacé de sa cravache, attendit le choc de pied ferme et sans reculer d'un pas.

Seulement, à l'instant précis où le jeune homme allait l'atteindre, il étendit sa main puissante et saisit le bras armé dans la chair duquel ses doigts s'enfoncèrent comme les mâchoires de fer d'un étau.

Le vicomte, dominé par cette force vingt fois supérieure à la sienne, poussa un gémissement douloureux et lâcha son poignard que le baron repoussa du pied jusqu'à l'autre bout du salon, en s'écriant avec un joyeux rire :

— Pardieu, mon cher vicomte, vous êtes étonnant !!... — Comment se fait-il que vous, — (un garçon d'esprit, après tout), — vous n'ayez pas encore compris qu'il ne fallait pas jouer un semblable jeu avec moi, sous peine de perdre infailliblement la partie ?

Le baron s'interrompit, en voyant Gontran devenir pâle comme un mort et en le sentant chanceler.

— Qu'avez-vous donc ? — lui demanda-t-il.

— Vous me brisez le bras... — balbutia Gontran d'une voix à peine distincte.

En effet il était au moment de s'évanouir sous la pression horriblement douloureuse de la main de M. de Polart.

Ce dernier lâcha prise tout aussitôt.

— C'est ma foi vrai... — dit-il, — j'oublie toujours que mes doigts sont de véritables tenailles et qu'ils broient ce qu'ils croient seulement serrer... — Êtes-vous mieux, maintenant ?...

— Oui... — fit Gontran dont la pâleur livide commençait à se dissiper.

Le baron reprit :

— C'est fort bien, et maintenant je puis sans inconvénient procéder...

— A quoi ?...

— Vous allez voir... — Apprêtez-vous à rire de tout votre cœur, mon cher vicomte, car ce sera fort gai...

Le sens de ces mots parut tout à fait inexplicable à Gontran. — Il venait de commettre une double tentative de vol avec effraction et d'assassinat. — Comment quelque chose de gai, ainsi que venait de le dire le baron, pouvait-il résulter de cette situation terrible ?...

Quelque menace de terrible vengeance ne se cachait-elle pas plutôt sous ces paroles énigmatiques ?...

La physionomie de M. de Polart restait sereine, et même souriante, tandis que les plus terribles angoisses se peignaient sur les traits bouleversés de Gontran.

Le baron s'approcha de l'une des fenêtres qui donnaient sur l'arrière-cour.

Il ouvrit cette fenêtre.

Il se pencha au dehors, afin de bien s'assurer que la cour était déserte.

Il brisa d'un coup de coude l'un des carreaux, de façon à ce que les débris du verre brisé tombassent dans l'intérieur du salon.

Ensuite, de toute la force de ses poumons, il se mit à crier, ou plutôt à mugir.

— Au voleur !... au voleur !... arrêtez-le !... au voleur !...

Puis, s'élançant auprès de la cheminée, il agita les cordons des deux sonnettes avec une impétuosité furibonde, sans discontinuer ses cris qui retentissaient d'étage en étage comme le fracas d'une cataracte.

— Monsieur le baron, — murmura Gontran qui se sentait littéralement devenir fou, — monsieur le baron, que faites-vous ?...

— Ce que je fais ? — répondit M. de Polart, — il me semble, mon cher vicomte, que vous le voyez et que vous l'entendez à merveille !... ce que je fais ? — Eh ! pardieu, j'ouvre les fenêtres, je casse les vitres et je crie *au voleur !!*...

Et, en effet, après avoir donné à Gontran cette explication insuffisante, le baron recommença à crier plus fort que jamais.

— Ayez pitié de moi... — balbutiait le malheureux jeune homme, convaincu que M. de Polart allait le livrer à la justice, — ayez pitié de moi !... — répétait-il presque agenouillé, les mains jointes, les yeux pleins de larmes.

— Pourquoi pitié ? — demanda le baron, — êtes-vous donc à plaindre ?... — vraiment, je ne m'en doutais en aucune façon...

— Au nom du ciel, — poursuivait Gontran, — au nom du ciel, ne me perdez pas... je vous le demande à deux genoux...

— Vous perdre !! — s'écria M. de Polart en riant, — Eh ! qui diable songe à vous perdre ?... en vérité, mon cher vicomte, je crois que vous perdez la tête !...

— Mais alors... alors... qu'allez-vous donc faire ?

— Une chose très-gaie et très-réjouissante, je croyais vous l'avoir dit tout à l'heure... — Le temps me manque pour vous donner une explication, mais vous allez voir. — Allons, vicomte, redressez-vous et ne gardez point cet air consterné... — Voici qu'on vient, et, si vous ne reprenez pas votre visage de tous les jours, on croira, Dieu me pardonne ! on croira que vous êtes le voleur...

M. de Polart achevait à peine, que les portes de l'antichambre et du salon s'ouvraient violemment et qu'une vingtaine de personnes faisaient irruption.

C'étaient les domestiques de l'hôtel et quelques voyageurs attirés par les cris du baron.

— Eh bien ! — demandèrent vingt voix à la fois — qu'y a-t-il ?... que se passe-t-il donc ?... qu'est-il arrivé ?...

XV

Suite du dénouement de la seconde idée de Gontran.

— Qu'y a-t-il donc ? que se passe-t-il ? qu'est-il arrivé ?...

Ces questions confuses, — nous venons de le dire — s'étaient échappées de toutes les bouches à la fois.

— Il y a, messieurs, — répondit le baron à ceux qui faisaient dans son appartement une si bruyante irruption, — il y a que, sans l'arrivée imprévue de M. de Presles, qui vient de déployer un merveilleux courage dans une lutte corps à corps avec un bandit audacieux, je serais victime d'un vol commis avec effraction et escalade...

Gontran écoutait, avec une stupéfaction facile à comprendre, cette explication si complètement inattendue de sa conduite.

— Qu'est devenu le voleur ? — demanda l'un des curieux.

— Il était arrivé par la fenêtre, — il s'est enfui par le même chemin... — peut-être se cache-t-il dans les dépendances de l'hôtel... — qu'on surveille la petite cour et qu'on aille chercher la garde pour faire des perquisitions, et un commissaire de police qui constatera l'état du meuble forcé et qui recevra les déclarations de M. le vicomte de Presles et les miennes.

Deux ou trois personnes s'élancèrent hors du salon avec empressement.

Les autres se disposaient à s'avancer, afin d'examiner de plus près les dégâts matériels, traces irrécusables de la tentative criminelle.

M. de Polart les arrêta du geste.

— Que chacun reste où il est... — s'écria-t-il, — il est essentiel que la justice, au moment de son arrivée sur le théâtre du crime, trouve les choses dans l'état précis où le voleur les a laissées...

La volonté exprimée par le baron était raisonnable ; — personne n'eut la pensée de la transgresser.

Gontran, rassuré à demi, mais écrasé par ces émotions successives, s'était laissé tomber sur un siège.

Au bout d'un peu moins d'un quart d'heure on entendit retentir, sur les pavés de la rue et sur les marches de l'escalier, le bruit strident et métallique des crosses de fusil.

En même temps apparut dans le salon le commissaire de police, orné de son écharpe, accompagné de son greffier et suivi d'une escorte d'honneur composée d'un caporal et de quatre fantassins.

On était allé quérir les gendarmes, mais la distance qui séparait la caserne de l'hôtel de la Marine royale ne leur avait pas encore permis d'arriver.

Le commissaire de police commença son enquête.

— C'est vous, monsieur, qui occupez cet appartement ? — demanda-t-il au baron de Polart.

— Oui, monsieur.

— Quel est le meuble forcé ?

— Celui-ci.

— Que renferme-t-il ?

— Des sommes importantes et des papiers plus importants encore...

— Tout ou partie de ces sommes ou de ces papiers vous ont-ils été soustraits ?

— Non, monsieur, grâce à l'arrivée de mon ami M. le vicomte de Presles...

— M. le vicomte de Presles est-il encore là ?

— Me voici, monsieur... — répondit Gontran en se soulevant avec peine.

— Veuillez me raconter les faits dont vous avez été le témoin...

Gontran, ainsi interpellé, hésita et jeta un regard de détresse sur M. de Polart.

Ce dernier intervint.

— Monsieur le commissaire, — dit-il, — mon ami a lutté longuement et corps à corps avec le voleur... Grâce au ciel, il n'a reçu aucune blessure grave, mais cette lutte l'a brisé... — son visage, vous le voyez vous-même, exprime la souffrance et l'épuisement...

— C'est vrai ; cependant, pour être instruit des détails essentiels de toute cette affaire, il est indispensable que j'entende M. de Presles...

— Ces détails, je les connais aussi bien que lui, car il me les racontait il n'y a qu'un instant... — Si vous voulez bien m'écouter en sa présence, je parlerai pour lui, et, dans le cas où je commettrais une légère erreur, il la relèverait aussitôt...

Le commissaire fit de la tête un signe d'adhésion, qui voulait dire clairement :

— Parlez, je vous écoute...

— Vous saurez d'abord, monsieur, — commença le baron, — que le vicomte de Presles m'avait fait l'honneur d'accepter mon invitation à un déjeuner que j'offrais ce matin à quelques amis dans l'un des restaurants de la ville... — ce déjeuner se prolongea jusqu'à la nuit... — le vicomte se trouva fatigué ; — je l'engageai à aller m'attendre chez moi tandis que je congédierais mes convives... — il sortit, — il arriva à l'hôtel, — il prit la clef de mon appartement et monta ; — parvenu dans l'antichambre il crut entendre un bruit bizarre qui lui semblait venir du salon ; — il ouvrit résolûment la porte et il se trouva en présence d'un homme qui, dans une obscurité presque complète, s'occupait à forcer le secrétaire et réussissait si parfaitement bien que le battant tomba au moment où la porte s'ouvrait... — Tout cela est bien exact, n'est-ce pas, mon cher vicomte, et c'est bien ainsi que vous me l'avez raconté ?...

— Oui... — balbutia Gontran — tout est exact ; tout est vrai

Le baron continua :

— Surpris à l'improviste dans sa besogne ténébreuse, le voleur se retourna et se trouva face à face avec le vicomte, sur lequel il s'élança tout aussitôt comme un chat-tigre, en brandissant l'arme dont il venait de se servir pour briser le meuble...

Le commissaire de police interrompit le récit du baron, et demanda :

— Quelle était cette arme ?...

— Un poignard d'une forme particulière et curieuse...

— Qu'est devenu ce poignard ?

— Le voici, — fit M. de Polart en se penchant et en ramassant sur le tapis le stylet vénitien qu'il prit par la pointe et dont il présenta la poignée au magistrat.

Gontran se sentit frissonner de la tête aux pieds, et une sueur froide, pareille à la sueur de l'agonie, vint mouiller la racine de ses cheveux.

Ce poignard que M. de Polart venait de remettre au commissaire de police appartenait au jeune homme, nous le savons ; — il faisait partie de l'une des panoplies de sa chambre à coucher, — vingt personnes le connaissaient, et, sans aucune espèce de jeu de mots, il pouvait devenir contre Gontran une arme terrible, si quelque jour il prenait fantaisie au baron de dénoncer celui qu'il innocentait en ce moment.

Le magistrat examina le poignard, longuement et avec le plus grand soin.

— Je suis peu connaisseur, — dit-il enfin, — mais il me semble que ce stylet doit avoir quelque prix...

— Sans doute, — répliqua le baron, — c'est une arme ancienne, d'un fort beau style, et qui vaut au moins dix ou quinze louis...

— Comment pouvait-elle se trouver entre les mains d'un bandit de cette espèce ?...

— Il l'aura vraisemblablement volée chez un armurier ou dans la boutique d'un marchand de bric-à-brac... — je parierais volontiers que lui-même n'en soupçonnait pas la valeur...

— Cela est vraisemblable en effet...

— Monsieur le commissaire, puis-je continuer ?...

— Vous le pouvez et je vous en prie...

— Je disais donc, — reprit M. de Polart, — que le voleur s'élança, avec une sauvage impétuosité, sur le vicomte de Presles. — C'en était fait de ce dernier, s'il n'avait eu la présence d'esprit de se jeter de côté et de saisir au vol, en quelque sorte, la main qui tenait le poignard... — ainsi paralysé dans sa tentative meurtrière, le bandit s'efforça de renverser M. de Presles ; sans doute il se disait que dans la chute son adversaire lâcherait prise, et qu'alors il lui deviendrait possible et facile de le frapper tout à son aise... — Ce calcul était malheureusement juste, car le vicomte, malgré sa vi-

gueur et son énergie, faiblissait sous les coups réitérés que le misérable assassin lui portait avec sa main gauche dans le visage et dans la poitrine... — Bref, il allait succomber après un combat acharné de plusieurs minutes, lorsqu'enfin, et que le ciel en soit béni, j'arrivai juste à temps pour lui porter secours... — En présence de ce renfort inattendu, de ce nouvel adversaire apparaissant à l'improviste, le voleur discontinua une lutte dont le résultat ne pouvait plus être douteux... — Il jeta son poignard inutile et bondit jusqu'à la fenêtre par laquelle il s'élança... — j'y courus derrière lui, croyant le voir brisé et sanglant sur les pavés de la cour... — J'avais oublié le toit du hangar, du haut duquel il sauta sain et sauf sur la terre ferme et disparut à mes yeux... — Je criai : au voleur !... — on accourut... — je donnai l'ordre d'aller vous prévenir au plus vite de ce qui se passait... — Maintenant vous savez tout, aussi bien que M. de Presles et que moi-même...

A plus d'une reprise pendant le récit émouvant et dramatique du baron, un petit frémissement avait couru dans les rangs pressés des auditeurs.

Il est bien entendu que personne, et pas plus le commissaire que les autres témoins de cette scène, n'avait l'idée de mettre en doute la parfaite véracité des paroles de M. de Polart.

Après un instant de silence, le commissaire demanda :

— Vous pouvez sans doute, monsieur, me donner d'une façon parfaitement exacte le signalement du voleur ?...

— Oui, certes.

— Cet homme était-il jeune ?

— Il m'a paru âgé de quarante ou quarante-cinq ans.

— Sa taille ?...

— De beaucoup au-dessus de la moyenne, — cinq pieds huit pouces, ou environ, si je ne me trompe... et je crois ne pas me tromper... — une carrure d'athlète, — des épaules larges comme les miennes...

— Quel costume portait-il ?

— Une blouse de toile grise, — un pantalon bleu, — une casquette de drap à visière de cuir verni, — cette casquette était enfoncée sur ses yeux...

— Les cheveux ?

— Grisonnants et taillés courts.

— La barbe ?

— Entière, assez longue et très-noire.

— Avez-vous remarqué quelque signe particulier ?

— Un seul, mais caractéristique.

— Lequel ?

— Une cicatrice profonde et bleuâtre, allant de l'angle de l'œil gauche à la naissance de la moustache, par conséquent coupant la joue en deux parties à peu près égales.

Le commissaire de police fit un geste qui dénotait une approbation manifeste.

— On ne saurait être plus clair et plus complet dans un signalement ! — murmura-t-il.

Puis, se tournant vers le vicomte de Presles, il ajouta :

— Vos souvenirs, monsieur, sont sans doute parfaitement conformes à ce que vous venez d'entendre ?...

— Parfaitement, — répondit Gontran. — Je n'ai pas une syllabe à changer à tout ce que vous a dit M. le baron de Polart. — J'eusse dit les mêmes choses, et dans les mêmes termes...

— A merveille, — reprit le magistrat, — il ne me reste donc qu'à rédiger un procès-verbal que vous signerez tous les deux... — Nous procéderons ensuite à des perquisitions dans les bâtiments de l'arrière-cour. — La force armée garde en ce moment toutes les issues, et peut-être trouverons-nous là ce hardi coquin dont les funestes projets ont échoué par une faveur manifeste de la Providence !

Plusieurs bougies furent aussitôt allumées, — le secrétaire du magistrat s'installa devant une petite table et commença à écrire, sur des feuilles de papier timbré, les diverses circonstances du vol à main armée, commis la nuit, avec escalade et effraction, dans une maison habitée. — Les moindres détails du récit de M. de Polart se trouvent minutieusement reproduits dans ce procès-verbal.

Tandis que le commissaire de police, préparant de la besogne au juge d'instruction, s'acquittait ainsi de l'une des plus importantes fonctions de sa charge, et tandis que Gontran, toujours immobile et anéanti sur son siége, se demandait s'il était bien éveillé, le baron ne restait point inactif.

Dans le meuble fracturé par le vicomte il avait pris une enveloppe de grande dimension sous laquelle il glissa quelques papiers, — il cacheta de cinq cachets, et sur chacun de ces cachets il appuya le chaton armorié de sa bague.

Il couvrit ensuite cette enveloppe de plusieurs lignes d'une écriture fine et serrée et il mit sa signature au bas de la dernière ligne.

Ceci terminé il attendit silencieusement que la rédaction du procès-verbal fût complète.

De temps à autre il jetait un regard sur Gontran et il souriait avec une indéfinissable expression en voyant le morne abattement du jeune homme.

Un quart d'heure se passa ainsi, puis la pièce officielle fut achevée, lue à haute et intelligible voix, signée et paraphée par qui de droit.

— Maintenant, messieurs, — dit le commissaire de police, — nous allons descendre et commencer les perquisitions...

Il s'apprêtait à quitter l'appartement, mais il fut retenu par le baron.

— Quelle que puisse être l'indiscrétion de ma demande, — fit ce dernier, — j'oserai vous supplier, monsieur, de me rendre un service...

— Un service ? — répéta le magistrat avec étonnement.

— Oui, monsieur, un service signalé, et d'une excessive importance...

— De quoi s'agit-il ?

— De ceci... — répondit le baron en montrant l'enveloppe cachetée qu'il tenait à la main.

— Je ne vous comprends pas, monsieur...

— Je vais avoir l'honneur de vous expliquer ce que je désire... — Les papiers que renferme cette enveloppe forment pour moi plus qu'une fortune... je tiens à eux comme je tiens à la vie... — Or, je viens d'avoir la preuve trop irrécusable que ces papiers ne sont point en sûreté dans une chambre d'hôtellerie... — Le bandit qui tout à l'heure forçait ce meuble pouvait les enlever sans même se rendre compte de leur valeur, et pour envelopper une pile de pièces de vingt francs, ainsi qu'il l'aurait fait avec un fragment de vieux journal... — J'implore donc toute votre bienveillance, monsieur, et je vous conjure de vouloir bien vous charger de mettre cette enveloppe en lieu sûr... — Au moment de mon départ j'irai vous la redemander...

— Mais... — fit le commissaire avec quelque hésitation, — ce dépôt ne serait-il pas mieux à sa place entre les mains d'un notaire ?

— Non, monsieur... — et croyez-moi, car je vous le jure sur l'honneur, sa véritable place est entre vos mains...

— Eh ! bien, soit... — répliqua le magistrat après avoir hésité de nouveau pendant une ou deux secondes, — je serais peiné de refuser d'obliger un galant homme... — j'agirai selon vos désirs, — donnez-moi cette enveloppe... je l'accepte à titre de dépôt...

Le baron se confondit en remerciements, puis il ajouta :

— Permettez-moi de signaler à votre attention les quelques lignes que je viens de tracer sur l'enveloppe que j'ai l'honneur de vous remettre...

Le commissaire de police lut à haute voix :

« *Dans le cas où je viendrais à mourir de mort subite ou violente, criminelle ou accidentelle, je prie l'honorable magistrat de vouloir bien rompre les cinq cachets qui scellent ce dépôt... je le prie en outre de prendre connaissance du contenu des papiers enfermés sous ces cachets.*

« *Les inspirations de sa conscience lui diront ensuite, et bien clairement, ce qu'il devra faire.* »

Suivaient la date et la signature.

— C'est bien, monsieur, — reprit le commissaire, — le cas échéant, ce qu'à Dieu ne plaise, je me conformerai religieusement à vos instructions...

— Ah ! monsieur, — s'écria le baron, — votre condescendance infinie réalise toutes mes espérances !... — jamais, non jamais, je ne saurai vous remercier dignement !...

Le magistrat avait hâte de se dérober aux effusions de cette reconnaissance trop expansive.

Il glissa l'enveloppe dans la poche de côté de son habit et quitta l'appartement sous l'escorte du caporal et des quatre hommes d'infanterie, auxquels étaient venus se joindre cinq ou six gendarmes.

Nous ne ferons point assister nos lecteurs aux perquisitions opérées dans les écuries, dans les remises, dans les hangars...

Ces perquisitions seraient pour eux sans nul intérêt, car ils savent à merveille que la police, — (si grande que soit d'ailleurs son habileté), ne saurait venir à bout de découvrir quelqu'un qui n'existe pas.

Le baron de Polart avait pris soin d'ailleurs de donner au commissaire un signalement de haute fantaisie tellement caractérisé qu'il ne pouvait risquer de compromettre sérieusement un innocent.

Comme l'arrière-cour avait plusieurs portes donnant sur la rue, et comme l'une de ces portes n'était fermée qu'au loque on supposa naturellement que le voleur avait dû s'enfuir par là avant que les issues fussent gardées extérieurement.

Le procureur du roi, nous devons le dire en passant, mit en campagne, dès le lendemain, toutes les brigades de gendarmerie de la ville et des alentours, et, le signalement du malfaiteur imaginaire, répandu à profusion, fit placer en état d'arrestation provisoire quelques douzaines de vagabonds ; — mais aucun d'eux n'ayant sur la joue gauche la cicatrice bleuâtre formellement indiquée par le baron, ces compagnons de la besace se virent mettre en liberté les uns après les autres.

Aussitôt que l'infructueuse perquisition fut terminée, M. de Polart prit par le bras le vicomte de Presles et le fit remonter avec lui dans l'appartement maintenant désert.

— Eh bien ! cher ami, — lui dit-il, — qu'en pensez-vous ?... — vous venez de me voir à l'œuvre... — vous trouvez-vous décidément de force à lutter contre moi et à me combattre à arme égales ?

— Voulez-vous que je vous parle franchement ? — murmura Gontran qui ne s'était point encore remis de ses émotions successives.

— Mais je le crois bien, que je le veux ! — s'écria le baron. — De toutes les choses de ce bas-monde la franchise est la plus rare... et j'adore les raretés !...

— Eh bien ! la vérité est que je ne comprends exactement rien à ce que vous faites et à ce que vous dites depuis une heure...

— Vous ne comprenez pas ?...

— Non.

— C'est impossible !!

— C'est pourtant la vérité vraie et littérale...

— Dans ce cas, mon cher vicomte, je constate avec chagrin que ce soir vous ne jouissez pas de la plénitude de vos facultés... — Enfin, voyons, qu'est-ce qui vous semble obscur dans ma conduite ?...

— Tout.

— Ceci est un peu vague... — précisez, je vous prie.

— D'abord, pourquoi avez-vous crié au voleur, mis sens dessus dessous toute la maison, envoyé chercher la garde, le commissaire, la gendarmerie ?...

— Vous me demandez pourquoi ?

— Oui. — A quoi cela pouvait-il servir, puisque vous étiez déterminé à ne point me perdre ?...

— Eh ! tête sans cervelle, c'est justement pour ne point vous perdre que j'ai fait cela !... — Vous seul étiez entré dans mon appartement, — mon secrétaire se trouvait dans l'état où le voilà... — comment expliquer cette effraction d'une façon vraisemblable, si je n'avais pas dit que nous avions surpris le voleur en flagrant délit... — Notre double affirmation était l'unique moyen d'empêcher une enquête de laquelle il serait ressorti clairement qu'un voleur, si grandes que fussent sa hardiesse et son agilité, n'avait pu, sans échelle, s'élever de puis le toit du hangar jusqu'à l'appui de la fenêtre !... — Par la force des choses les soupçons se seraient donc portés sur vous, tandis que mon récit vous a transformé en un véritable héros... — N'ai-je pas agi selon la morale la plus évangélique en rendant le bien pour le mal ?... — Vous vouliez me dépouiller et je vous exalte !... je suis un colosse de vertu !...

Le baron de Polart prononça ces derniers mots en riant. Gontran essaya de sourire, mais ses lèvres pâles ne produisirent qu'une grimace pleine d'amertume.

— Ce n'est pas tout... — dit-il ensuite.
— Quoi donc encore ?...
— Cette enveloppe scellée de cinq cachets, remise par vous au commissaire de police...
— Ah ! — s'écria le baron avec un nouvel éclat de rire, — il paraît que cette enveloppe vous intéresse...
— Du moins elle pique ma curiosité...
— Vous devinez bien un peu ce qu'elle contient, j'imagine...
— En aucune façon...
— Allons donc !... — fit M. de Polart avec un geste de sérieux étonnement, — vous n'avez vraiment pas compris que j'avais renfermé dans cette enveloppe si bien fermée...
— Quoi donc ?
— Eh ! pardieu, le mandat de cinquante mille francs, et la lettre écrite par vous sous ma dictée il y a quelques jours...

Gontran devint blanc comme un linceul et son cœur cessa de battre pendant un instant.

— Ah ! — balbutia-t-il, — vous disiez que vous ne vouliez pas me perdre... et vous mettez entre les mains de la justice cette lettre... ce mandat... — mais alors... alors... tout est fini pour moi... je n'ai plus qu'à mourir...
— Rassurez-vous, vicomte... — vous n'avez rien à craindre, quant à présent du moins... — Je puis reprendre cette enveloppe dès que je le voudrai, et, moi vivant, les cachets n'en seront point brisés... — Reste le cas de mort subite, mais ce cas est peu vraisemblable, car, vous le savez aussi bien que moi, je jouis d'une excellente santé... — Je sais bien qu'une attaque d'apoplexie qui m'emporterait en cinq minutes, ou une chute de cheval qui me briserait la colonne vertébrale, vous mettrait dans une fâcheuse situation... — mais, que voulez-vous ?... charité bien ordonnée commence par soi-même, — c'est un proverbe qui le dit, et les proverbes ont toujours raison... — J'ai dû prendre mes précautions contre vous...
— Contre moi ? — s'écria Gontran effaré.
— Eh ! mon Dieu oui, cher vicomte... — Réfléchissez un peu à tout ce qui se passe entre nous, et voyez si je peux avoir confiance... — Hier, vous me menaciez de votre cravache pour me contraindre à me battre avec vous jusqu'à la mort de l'un de nous deux !... — il n'y a pas une heure, vous vous élanciez sur moi, le poignard levé, et sans la vigueur de mon poignet, il n'y aurait plus, en ce moment, le moindre baron de Polart vivant et bien portant... — Rien ne me garantissait que demain il ne vous prendrait point de nouveau fantaisie de m'envoyer dans l'autre monde et que vous n'employeriez pas pour cela quelque moyen ingénieux que mon imagination, malgré sa grande fertilité, ne pourrait deviner... — je me suis mis en garde... — Aujourd'hui vous savez que ma mort subite serait votre perte irrémédiable... — Bien loin de songer à vous débarrasser de moi par un procédé expéditif, vous veillerez sur moi désormais avec toute la sollicitude d'une bonne mère préservant de tout risque le plus chéri de ses enfants... — Lorsque nous serons assis à la même table, vous éloignerez de mon assiette les aliments indigestes ; — lorsque nous nous promènerons ensemble, vous aurez dans vos poches une provision de mouchoirs pour m'essuyer le front, afin de m'éviter des refroidissements... — lorsque nous sortirons à cheval, vous aurez grand soin d'essayer les chevaux avant de me les laisser enfourcher, dans la crainte que ma monture ne bronche ou ne s'emporte... — enfin, si j'étais appelé en duel, vous vous hâteriez de provoquer mon adversaire et de le conduire sur le terrain, séance tenante, pour l'empêcher de me donner un coup d'épée... — Vous voyez, mon cher vicomte, que ma conduite de ce soir est celle d'un logicien consommé... — Il est possible que ma défiance vous froisse (les soupçons bien fondés froissent toujours), mais il est certain qu'en votre for intérieur vous ne pouvez manquer d'admirer ma prudence...

Le baron se tut.

Gontran, les sourcils froncés et la tête basse, gardait le silence.

— Vous ne répondez pas, — donc vous êtes de mon avis... — reprit M. de Polart au bout d'une seconde... — Maintenant, mon cher vicomte, il se fait tard, — je ne vous renvoie pas, mais je vous souhaite le bonsoir... — je vous attendrai demain dans l'après-midi, n'oubliez pas de m'apporter l'invitation que vous savez...

Le vicomte fit un signe de tête affirmatif et se dirigea vers la porte.

Au moment où il allait l'atteindre, M. de Polart le rappela.

— A propos, — lui demanda-t-il, — combien avez-vous gagné ce soir ?...
— Cinq ou six mille francs, je crois...
— Voyons...

Gontran vida ses poches et étala sur une table de l'or et des billets de banque.

Le baron compta.

— Six mille deux cents francs, — dit-il.

De cet argent il fit deux parts.

D'un côté il entassa cinq mille francs, — de l'autre il n'en laissa que douze cents.

— Mon cher Gontran, — reprit-il ensuite en faisant disparaître les cinq mille livres dans son gousset et en poussant la portion congrue vers le jeune homme, — empochez ceci, et ne vous étonnez pas du prélèvement que je viens d'opérer... — Mes droits à cette dîme sont incontestables, car, si vous avez gagné, c'est que j'avais préparé les cartes...

Gontran prit les douze cents francs sans prononcer une parole et sortit.

Cette fois, M. de Polart ne jugea point à propos de le rappeler.

XVI

La demande.

Tandis que se déroulaient à Toulon les faits si tristes et si compliqués que nous avons racontés dans le cours des précédents chapitres, d'autres faits d'un ordre tout différent se passaient au château de Presles.

On n'a point oublié sans doute que Gontran, obéissant à l'invitation impérieuse du baron de Polart, avait rencontré sur la route Marcel de Labardès et Raoul de Simeuse.

L'ex-capitaine et son fils adoptif se rendaient au château, et le but de cette visite matinale était solennel, car M. de Labardès se proposait de demander au général la main de sa fille Blanche pour Raoul.

Aussi, à mesure que le phaéton, entraîné par des chevaux rapides, se rapprochait des futaies séculaires du parc, le jeune homme sentait s'accélérer les battements de son cœur, et au moment où l'attelage franchit les grilles de l'avenue, Raoul était pâle d'émotion.

Marcel s'aperçut de ce oubli et de cette pâleur.

— Du courage, mon enfant, — dit-il, — j'ai bon espoir, je vous le jure, car vous n'êtes pas de ceux qu'on accueille par un refus...

Georges Herbert, prévenu la veille de la démarche qui devait avoir lieu ce jour-là, attendait les visiteurs sur le haut du perron.

— Mon ami, — lui demanda Marcel, — comment se trouve le comte de Presles aujourd'hui ?...

— Très-bien, grâce au ciel, — répondit le mari de Diane.

— Alors, — fit vivement Raoul, — il peut nous recevoir et nous entendre ?...

— Sans doute, — répliqua Georges en souriant, — j'ajouterai même qu'il est averti de votre arrivée, — seulement j'ai cru devoir vous laisser le soin de lui dire vous-même les motifs qui vous amènent...

— Ah ! — balbutia Raoul, — j'ai peur...

— De quoi donc? que craignez-vous?

— Si le général ne m'agréait pas... s'il avait d'autres projets sur mademoiselle Blanche... j'en mourrais...

— Du courage, — fit Georges à son tour, avec un accent paternel comparable à celui de Marcel un instant auparavant, — non-seulement vous ne mourrez point, mais j'espère bien que vous vivrez heureux...

Raoul lui serra la main avec effusion.

— D'ailleurs, — reprit Georges, — dans cinq minutes vous saurez votre arrêt, — je vais vous conduire à l'instant même auprès de mon beau-père...

La pièce dans laquelle se trouvait le général était cette bibliothèque que nos lecteurs connaissent déjà, car c'est là qu'au commencement de la soirée funeste du 10 mai 1830 nous les avons fait assister à une scène entre le comte de Presles et Gontran, scène pendant laquelle les mauvais instincts du jeune homme, qui n'était presqu'encore qu'un enfant, se signalèrent d'une façon si inquiétante pour l'avenir.

Hélas! nous ne le savons que trop bien. — Le vicomte avait tenu, et au-delà, les déplorables promesses de sa précoce perversité!...

Au moment où Georges, Marcel et Raoul entrèrent, le général était à demi couché dans un large et profond fauteuil, auprès de la table d'ébène.

Malgré la chaleur, il resserrait frileusement autour de lui les plis d'une ample robe de chambre de velours noir.

Ses cheveux, devenus rares, tombaient comme des flocons de neige ou comme des boucles de soie argentée autour de son visage dont l'épiderme offrait la blancheur mate et légèrement jaunâtre de la cire vierge.

Un demi-cercle d'un violet pâle se dessinait au-dessous de la paupière inférieure et tranchait sur le ton blafard de la peau.

Les yeux, enfouis dans les profondeurs de l'arcade sourcilière, jetaient en avant un regard fixe, et d'une expression singulièrement douloureuse.

En entendant la porte s'ouvrir, le général releva sa tête qui se penchait machinalement vers la poitrine.

Un sourire bienveillant apparut sur ses lèvres...

Une étincelle presque joyeuse brilla dans son regard.

Il quitta son fauteuil sans le secours de personne et avec plus d'aisance qu'on n'aurait pu le supposer en voyant ses membres affaiblis, et il se dirigea du côté des visiteurs en leur disant avec une cordialité pleine de franchise et d'expansion :

— Soyez les bienvenus, messieurs...

Puis il tendit successivement la main à Marcel et à Raoul, et, s'adressant à ce dernier, il ajouta avec un nouveau sourire :

— Vous qui êtes jeune, mon cher enfant, prêtez votre bras au vieillard...

Raoul, avec le respectueux et tendre empressement d'un fils pour son père, amena le général à son fauteuil.

Georges et Marcel prirent des sièges et se placèrent en face du comte.

M. de Simeuse resta debout à côté de lui, la main gauche appuyée sur la table d'ébène que surchargeaient des journaux et des livres, des atlas et des parchemins.

Pendant quelques secondes un silence profond régna dans la bibliothèque. — Marcel fut le premier à rompre ce silence.

— Général, — dit-il, — le but de notre visite de ce matin n'est pas seulement le désir de vous présenter nos respects et de rendre nos devoirs à ces dames... Je dois encore m'acquitter vis-à-vis de vous de la démarche la plus importante qu'il m'ait été donné de remplir dans toute ma vie...

Les regards de M. de Presles exprimèrent une curiosité sympathique.

— Quelle que soit cette démarche, — murmura-t-il, — vous savez que je crois pouvoir lui prédire à l'avance le plus complet succès, car mon désir de vous être agréable n'a pas de bornes...

Marcel saisit la main du vieillard, la pressa entre les siennes, et il l'aurait portée à ses lèvres si, par un faible mouvement de résistance, M. de Presles ne s'y fût opposé.

Marcel continua :

— Voici le comte Raoul de Simeuse, mon fils d'adoption et mon fils d'affection... — Vous le connaissez depuis assez long temps, général, pour avoir pu le juger et l'apprécier... — Tout ce qui constitue l'homme d'honneur et de cœur, le loyal gentilhomme, se trouve réuni en lui, je m'en porte garant...

— Sa noblesse remonte d'une manière authentique et incontestable au douzième siècle; — il compte parmi ses ancêtres deux maréchaux de France et deux gouverneurs de province; il est allié aux maisons ducales et princières des Latour-du-Pic et des Salves-Barry... — Voilà pour sa naissance... — Quant à la fortune, il possède dès aujourd'hui quatre vingt mille livres de rentes, car tout ce qui m'appartient lui appartient aussi... — Maintenant que je vous ai dit cela, général, il ne me reste plus qu'une seule chose à ajouter. — Raoul de Simeuse aime de toutes les forces de son cœur et de son âme votre chère et charmante Blanche, et j'ai l'honneur de vous demander pour lui la main de cette adorable jeune fille...

Le sourire bienveillant et d'heureux augure dont nous avons constaté déjà la présence ne disparaissait point des lèvres du vieillard, tandis que Marcel parlait ainsi.

— Ainsi donc, mon enfant, — murmura-t-il en s'adressant à Raoul, — ainsi donc vous aimez ma douce et jolie Blanche, la joie de ma maison, le rajeunissement de ma vieillesse... — C'est fort bien fait à vous et cela me prouve que vous êtes un garçon de bon sens en même temps qu'un garçon de bon goût... — S'il faut être franc, cher Raoul, je vous avouerai que l'âge n'a pas tellement affaibli mes yeux qu'ils ne sachent plus rien distinguer de ce qui se passe autour de moi... et je dois convenir entre nous que je me doutais bien un peu de cet amour-là...

— Mais alors, monsieur le comte, — s'écria Raoul avec feu en mettant un genou en terre devant le vieillard et en saisissant ses deux mains qu'il couvrit de baisers, — mais alors, puisque sachant cela vous n'éleviez point une infranchissable barrière entre Blanche et ma tendresse... c'est que vous consentiez à faire de moi votre fils!...

— N'allons pas trop vite, — répliqua le général, dont l'esprit n'avait jamais été plus parfaitement et plus complètement lucide qu'en ce moment, — n'allons pas trop vite... c'est le meilleur moyen de ne jamais se voir forcé de retourner en arrière...

— Monsieur le comte, — balbutia Raoul, — que voulez-vous dire?... vos paroles de tout à l'heure poussaient ma joie jusqu'au délire... Celles à présent m'épouvantent...

— Et vous avez tort de vous effrayer, mon cher fils... — Depuis que je vous connais je vous aime et je vous estime... — Plus d'une fois, en marchant dans les allées du parc, appuyé d'un côté sur vous et de l'autre sur Blanche, je me suis dit tout bas, en vous regardant l'un et l'autre : — *Voilà mes deux enfants...*

— S'il en est ainsi, — reprit impétueusement Raoul dont l'effroi disparaissait pour céder de nouveau la place à la joie, — s'il en est ainsi, je suis le plus heureux des hommes et vous me donnez mademoiselle Blanche...

— Eh! — dit M. de Presles en riant, — voici justement l'endroit qu'il faut passer au pas et que vous franchissez à galop... — Au nom du ciel modérez votre fougue volcanique... — Oui, je vous donnerai Blanche, oui, je vous la donnera avec confiance et avec bonheur... — Mais il est un autre con sentement que le mien qu'il faut obtenir et sans leque ma propre parole ne serait point un engagement suffisant...

— Celui de Blanche elle-même, peut-être?... — s'écri Raoul.

— Oh! celui-là, — fit M. de Presles, — je sais bien qu vous l'avez... — je parle du consentement de mon autre fille de Diane...

Une vive expression d'inquiétude se peignit sur le visage d jeune homme. — Marcel et Georges parurent étonnés.

— Je comprends à merveille, général, — dit M. de Labar dès, — que madame votre fille doit être consultée officieus ment en tout ceci, et qu'il est indispensable de lui commu quer notre demande avant de nous donner une répon officielle... — Mais le mot *consentement*, que vous venez d'employer, ne va-t-il pas un peu au-delà de votre pensée ?...

— Madame Herbert n'étant que la sœur de Blanche ne saurait prétendre aux droits d'une mère... — N'est-ce pas aussi votre avis, Georges ?...

— Entièrement, — répondit le mari de Diane...

— Ce n'est pas le mien... — répliqua M. de Presles. — Oh ! je sais à merveille que vous avez raison légalement, mais la loi n'a rien à voir dans un intérieur comme le nôtre... — Diane a remplacé la mère que ma pauvre Blanche a perdue... — je prétends que Diane ait les droits qu'aurait eus madame de Presles, si madame de Presles vivait encore... — Je vous répète donc que mon consentement est absolument subordonné à celui de ma fille, et que d'elle seule maintenant dépend l'union de Raoul et de Blanche...

Le général remarqua l'évidente consternation qui se peignait sur le visage et dans l'attitude du fils adoptif de Marcel.

— Mais qu'avez-vous donc, Raoul ? — ajouta-t-il vivement. — A vous voir, on croirait que vous doutez de la bienveillance de Diane à votre égard... — j'espère cependant qu'il n'en est rien...

— Malheureusement, monsieur le comte, — balbutia Raoul, — j'ai bien des raisons de supposer que madame Herbert ne me voit pas d'un œil favorable...

M. de Presles interrogea le jeune homme qui répondit par le récit des faits circonstanciés et d'une étrangeté si frappante que nous connaissons déjà, pour les lui avoir entendu raconter successivement à Marcel et à Georges.

— Tout cela me paraît inexplicable et incompréhensible... — dit le vieillard après avoir écouté d'un air soucieux et attristé. — Ce que vous m'apprenez là s'accorde mal avec le caractère si généreux et si loyal de ma fille... — Enfin, quoi qu'il en soit, aujourd'hui même je causerai avec elle, et sans doute je trouverai dans cet entretien le mot de l'énigme que je ne puis en ce moment déchiffrer mieux que vous...

Georges intervint :

— Général, — dit-il, — je demande à être présent à votre conversation avec ma femme...

— Je ne puis y consentir, mon cher fils, — répliqua le général, — et vous ne devez ni vous étonner, ni vous formaliser de mon refus ; ma tendresse pour vous est infinie, comme ma confiance, mais pour un entretien où il ne doit être question que de la plus jeune de mes filles, je désire me trouver seul avec Diane...

Georges s'inclina, sans insister.

Marcel, très-préoccupé de la tournure inquiétante que prenaient les choses, — très affligé surtout de la douleur et des angoisses de Raoul, — se leva pour se retirer et dit :

— Enfin, monsieur le comte, cette solution si ardemment désirée pour nous et à laquelle nous devons renoncer aujourd'hui, quand aurons-nous le bonheur de l'obtenir ?...

— Demain sans doute, — fit le vieillard, — puisque ce soir j'aurai causé longuement avec ma fille aînée...

— Dans ce cas, monsieur le comte, Raoul et moi nous reviendrons demain ; puissiez-vous avoir une bonne réponse à nous donner...

— Mon enfant, — s'écria M. de Presles avec émotion, en ouvrant ses bras à Raoul, embrassez-moi, et croyez bien que je garde l'espoir de vous nommer bientôt mon fils...

Une longue et touchante étreinte eut lieu entre le vieillard et le jeune homme qui ne pouvait contenir ses larmes.

Puis Georges Herbert, Marcel et Raoul sortirent de la bibliothèque et bientôt du château, sans avoir rencontré Diane ou Blanche.

MM. de Labardès et de Simeuse remontèrent en voiture après avoir fait promettre à Georges de venir le soir même à la villa pour leur apprendre si quelque chose de favorable était résulté de l'entretien du général et de sa fille aînée.

XVII

Diane et Blanche.

Il nous paraît utile de reproduire ici quelques lignes que nous écrivions précédemment pour expliquer ce qui se passait dans l'âme de madame Herbert à la pensée d'un amour possible entre Blanche et Raoul de Simeuse.

De son cœur violemment ému, — disions-nous, — de ses lèvres à peine agitées s'échappait cette prière ardente qui montait vers le trône céleste comme le suprême gémissement d'une âme désespérée :

— Seigneur, Dieu de miséricorde, vous qui savez quelles tortures imméritées j'ai souffertes depuis si longtemps, ayez pitié de moi !... — je me suis résignée, Seigneur, à tous vos coups !... — sous votre main qui me frappait, j'ai courbé la tête sans une plainte et sans un murmure, — mais voici que ma force est à bout et que le courage me manquerait pour subir un nouveau martyre. — Daignez donc, dans votre bonté toute puissante, éloigner de moi ce calice !... — Seigneur, Seigneur, écoutez ma voix suppliante, et ne permettez pas que Blanche aime Raoul...

Telle était la constante préoccupation de madame Herbert, depuis qu'elle avait cru remarquer que sa sœur, ou plutôt sa fille, se troublait en entendant prononcer le nom du fils adoptif de Marcel, et rougissait et pâlissait successivement et sans cause apparente lorsqu'il était là...

Mais comment savoir ?...

De quelle façon dissiper ce doute accablant ?...

Quel moyen employer pour acquérir une certitude ?...

Interroger Blanche, — se disait Diane, — était la chose du monde la plus simple et la plus facile, — en outre il lui paraissait certain que, dans sa franchise ingénue, la jeune fille répondrait avec une entière candeur, et livrerait sans résistance les secrets de son âme pure et chaste...

Mais Diane se disait en même temps qu'interroger est bien dangereux parfois...

Souvent une question indiscrète vient éclairer un cœur qui s'ignorait encore...

Souvent une sollicitude inquiète et inopportune fait naître et vivre un amour qui sans cela, peut-être, serait resté dans le néant.

Diane en était donc réduite à tout attendre du hasard, et à espérer une de ces occasions favorables, une de ces heures imprévues de confiance et d'abandon, où les confidences naissent d'elles-mêmes sur des lèvres virginales, où les jeunes cœurs s'entr'ouvrent sous l'œil maternel et laissent plonger le regard dans leurs transparentes profondeurs.

Seulement ces heures-là sont rares.

Ce même jour, et au moment précis où Marcel et Raoul se croisaient avec Gontran sur la grande route de Toulon, Diane et Blanche se promenaient lentement dans l'une des allées les plus sombres du parc.

Les deux sœurs marchaient l'une à côté de l'autre en silence.

Par instants Blanche s'éloignait de quelques pas, avec la gracieuse agilité d'une enfant qu'elle était presque encore.

— Elle cueillait des bouquets de petites fleurs sauvages émaillant les pelouses qui s'étendaient à droite et à gauche de la longue allée de tilleuls. — Avec ces bouquets, elle faisait une gerbe diaprée des plus vives couleurs, qu'elle portait sur son bras gauche, et elle venait rejoindre Diane qui la regardait en souriant et dont ces divertissements enfantins calmaient à demi les inquiétudes.

— Ah ! chère sœur, — dit Blanche tout à coup en approchant sa moisson fleurie du visage si pur et si beau de madame Herbert, — quel dommage que ces fleurettes n'aient point de parfums... elles sont si jolies !... — Pourquoi donc le bon Dieu ne leur a-t-il pas tout donné ?...

— Parce que le bon Dieu n'a prodigué des dons complets qu'à quelques créatures bénies et choisies entre toutes, telles que toi, ma Blanche bien-aimée... — répondit Diane.

— Flatteuse !... — s'écria la jeune fille en jetant ses deux bras autour du cou de madame Herbert, et en l'embrassant à vingt reprises, — à t'entendre on croirait que je suis parfaite...

— Et c'est bien aussi ce que je pense... Tu es aussi belle que bonne et ton visage ressemble à ton âme... — Que te manque-t-il, chère Blanche ? je cherche et je ne trouve rien...

— Ce n'est pas ta faute ; au moins, si je ne commets pas

vingt fois par jour le vilain péché d'orgueil!... — répliqua la jeune fille en riant, — heureusement je sais que ta trop grande tendresse pour moi te donne un microscope pour regarder mes qualités et te rend aveugle pour mes défauts...

Et Blanche embrassa de nouveau sa sœur.

Sans transition pour ainsi dire, après ces moments d'effusion, la jeune fille redevint silencieuse et sembla préoccupée.

D'une main distraite elle sema sur le sable de l'allée presque toutes les fleurs de sa gerbe, comme font les enfants de chœur aux processions de la Fête-Dieu.

Elle ne garda qu'un petit bouquet de marguerites simples, — de celles que les enfants et les paysannes appellent des *pâquerettes*.

Elle en prit une et se mit à l'effeuiller lentement et pétale à pétale, selon la classique coutume des amoureuses de tous les temps, et l'on voyait se mouvoir ses lèvres d'où ne s'échappait aucun son, et qui, cependant, articulaient distinctement les interrogations consacrées :

« M'aime-t-il ?...
« Un peu ?...
« Beaucoup ?...
« Passionnément ?... etc... »

Diane suivait d'un regard inquiet la chute successive des pétales et le mouvement des lèvres de Blanche.

— Si elle n'aimait pas, — se demandait-elle, — qu'aurait-elle besoin d'interroger la marguerite ?...

Mais elle se rassurait en se disant que dès leurs premiers pas et leurs premiers bégayements les petits enfants eux-mêmes questionnent l'oracle champêtre, de même qu'on les entend chanter les rondes qui berçaient nos pères et qui berceront nos fils : *Giroflé ! — Giroflá ! nous n'irons plus au bois, les lauriers sont coupés...* et tant d'autres...

Peut-être que pour Blanche aussi la marguerite n'était qu'un jeu ?

Et cependant le regard de Diane ne se détachait ni de la fleur presque dépouillée, ni des lèvres empourprées de Blanche.

Le dernier pétale tomba.

La pâquerette, — à la dernière question, — (en pâquerette qui sait vivre), — répondit : *passionnément !*.

Comme un amant jaloux qui voudrait fouiller jusqu'au fond de l'âme de la maîtresse qu'il soupçonne d'être infidèle au moins en pensée, Diane épiait l'expression du visage de la jeune fille.

L'ivresse du sourire qui dévoila pendant une seconde ses dents éblouissantes, — le radieux éclat de son regard illuminé par un éclair triomphant, furent pour la pauvre mère une funeste révélation.

— Hélas !... — se dit-elle avec amertume, — hélas !... hélas !... ce n'était point un jeu !..

Blanche n'avait pas senti le poids du regard inquisiteur qui pesait sur elle.

Elle prit à son corsage une seconde marguerite et elle commença à l'effeuiller ainsi qu'elle avait fait de la première.

Diane souffrait si cruellement qu'elle oublia la prudence dont elle s'était fait une loi, et au moment où Blanche balbutiait la question : — *M'aime-t-il ?* elle l'interrompit en lui touchant légèrement le bras, et en lui demandant d'une voix que l'émotion faisait trembler :

— Tu tiens donc bien à le savoir ?...

Blanche, pareille à quelqu'un qu'on éveille au milieu d'un rêve, ne comprit rien d'abord à la question qui lui était adressée.

Elle regarda Diane d'un air de profond étonnement.

— Tu tiens donc bien à le savoir ?... — répéta madame Herbert. — L'oracle, une fois déjà, n'avait-il pas répondu pour lui ?...

— Que veux-tu dire ? — murmura la jeune fille, — et de qui me parles-tu ?...

— Je te parle de celui que ta pensée évoque quand tu demandes à la marguerite : *M'aime-t-il ?*...

De même qu'un éclair soudain qui traverse une nuit sombre, le sens des paroles de Diane se dessina tout à coup net et précis dans l'obscurité des pensées de Blanche.

Avec l'instantanéité de l'étincelle électrique, la pauvre enfant devint écarlate comme la fleur du grenadier.

— Oh ! ma sœur... ma sœur... — balbutia-t-elle en cachant son visage empourpré sur le sein de madame Herbert, — pourquoi me demandes-tu cela ?...

— Parce que je t'aime plus que ma vie, chère enfant... — parce que je remplace auprès de toi notre mère à toutes deux... — parce que c'est un droit et que c'est en même temps un devoir pour moi de connaître le fond de ton âme et de ne rien ignorer des mystères de ton cœur... — Si tu aimes, je dois le savoir, ou pour applaudir à ton amour, ou pour te donner la force de le combattre...

Blanche, en entendant ces derniers mots qui résonnèrent à ses oreilles comme la menace d'un malheur, releva la tête, et les vives couleurs de ses joues se dissipèrent avec une incroyable rapidité pour faire place à une excessive pâleur.

— Diane ! — s'écria-t-elle avec l'énergie d'une femme qui se sent blessée dans ce qu'elle a de plus cher et de plus sacré.
— Diane, ma sœur, que parles-tu d'avance de combattre un amour qui n'existe peut-être que dans ton imagination ? — Crois-tu donc que si j'aimais, j'aurais donné mon cœur à un homme indigne de moi ?... — As-tu pour ta sœur si peu d'estime que tu la supposes capable de laisser aller sa tendresse au hasard ?...

— Oh ! ma Blanche... ma Blanche adorée, — murmura madame Herbert dont tous les soupçons se confirmaient, — peux-tu bien me parler ainsi ?... — Avant de douter de toi je mourrais, et tu le sais bien !... Mais un jeune cœur ne peut-il se tromper ?...

— Pas le mien, du moins ; — répliqua mademoiselle de Presles presque avec hauteur, — il est trop fier pour se tromper jamais...

— Ainsi, — reprit Diane, atterrée de la transformation imprévue qui se faisait dans la nature jusque-là si douce et si enfantine de Blanche. — Ainsi donc, c'est bien vrai ?... tu aimes ?...

A cette question nettement posée, la jeune fille parut d'abord troublée et hésitante.

Mais cette hésitation ne dura que quelques secondes, et la généreuse et franche énergie de son caractère, énergie si bien cachée jusqu'à ce moment, se manifesta de nouveau.

— Ah ! — dit-elle, — tu m'interroges... en m'interrogeant tu m'apprends ce que j'ignorais à demi... tu me prouves jusqu'à l'évidence ce dont je n'étais pas sûre encore... — Tu veux savoir si j'ai donné mon cœur ?... — Pourquoi te le cacher, puisque je ne dois pas en rougir ? — Eh bien ! oui, c'est vrai, j'aime... j'aime de toute mon âme et pour toute ma vie...

— Malheureuse enfant ! — murmura Diane à demi-voix, en élevant ses mains et ses yeux vers le ciel. — Allons, mes douleurs ne sont pas finies et la fatalité n'est pas encore vaincue !...

Puis, tout haut, elle ajouta :

— Et celui que tu aimes... ou du moins que tu crois aimer... quel est-il ?...

— Eh ! tu le sais bien, ma sœur ! — répondit vivement la jeune fille, — puisque je t'ai dit qu'il était digne de moi, tu sais bien que c'est Raoul...

Diane faillit tomber foudroyée. — Son dernier espoir, son dernier doute, s'évanouissaient...

Cette incertitude qu'elle avait maudite, elle la regrettait maintenant...

Après avoir cherché la lumière, elle déplorait que cette lumière fût devenue éclatante comme le soleil.

Son cœur trop gonflé déborda ; — elle cacha son visage dans ses deux mains ; — des sanglots convulsifs montèrent de sa poitrine à ses lèvres, et des larmes grosses comme les gouttes d'une pluie d'orage ruisselèrent sur ses joues et coulèrent à travers ses doigts crispés.

Blanche s'étonna d'abord, puis s'inquiéta bien vite de cette crise étrange dont elle ne pouvait en aucune façon deviner la cause inconnue.

Elle s'efforça d'écarter les mains avec lesquelles Diane voilait de son mieux son visage bouleversé, — elle couvrit de

baisers son front, ses cheveux et son cou, et elle s'écria, en pleurant à son tour :

— Oh ! ma sœur, ma chère petite sœur, pourquoi ces larmes ?... pourquoi ces sanglots ?... que t'ai-je donc fait et pour quelle raison sembles-tu si triste et si désolée ?... — Diane... chère Diane... je t'en conjure... dis-moi d'où te vient ta douleur... dis-moi ce qu'il faut faire pour te consoler...

Diane cherchait à répondre à Blanche, mais ses sanglots l'étouffaient, — sa gorge contractée étranglait la parole au passage, — ses lèvres tremblantes ne pouvaient articuler aucun son.

Cependant elle luttait contre elle-même avec une énergie surhumaine, car elle s'effrayait de l'effet que produisait sur la jeune fille cette scène inexplicable et qui resterait à tout jamais inexpliquée.

Enfin elle vint à bout, sinon de reprendre son sang-froid d'une façon complète, au moins de commander à ses sanglots de s'éteindre et à ses larmes de ne plus couler.

Ses mains disjointes laissèrent voir son visage contracté, méconnaissable, effrayant. — Elle rendit à Blanche ses caresses, et à plusieurs reprises elle la serra contre sa poitrine avec d'indicibles transports comparables à ceux d'une mère à qui l'on veut ravir son enfant et qui l'enveloppe dans ses bras comme dans les remparts d'une imprenable forteresse.

Les premières paroles qu'elle balbutia furent celles-ci :

— Blanche... mon enfant chérie... tu m'aimes, n'est-ce pas ?

— Comment peux-tu me faire une pareille question ?... — répliqua Blanche d'un ton de reproche, — tu sais bien que je t'aime de tout mon cœur, de toute mon âme, et cent fois plus que ma vie...

— Tu m'aimes comme si j'étais ta mère ?...

— Je t'aime comme ma sœur... et je t'aime aussi comme ma mère... — Une trop jeune mère seulement... — ajouta Blanche avec un sourire.

— Alors, si je t'adressais une prière, tu ne la repousserais pas ?...

— Repousser une prière de toi !!... ah ! Diane ! exprimer ce doute est bien mal !...

— Et si cependant je te demandais un grand sacrifice ?

— Je ferais avec joie, avec bonheur, tous ces sacrifices monde... excepté un seul...

— Lequel ?

Blanche baissa les yeux avec un embarras pudique et ne répondit pas tout d'abord.

Diane répéta sa question.

La jeune fille murmura, mais si bas que Diane la devina plutôt qu'elle ne l'entendit :

— Celui de ne plus penser à Raoul...

Madame Herbert s'attendait à ces paroles, et cependant elle reçut un choc en plein cœur en les écoutant.

Elle se laissa tomber à deux genoux devant Blanche, et saisissant ses mains qu'elle couvrit de baisers et de larmes, elle s'écria d'une voix suppliante qu'entrecoupaient les sanglots :

— Hélas !... ce sacrifice que tu me refuserais, c'est celui-là que j'allais te demander... c'est celui-là que j'implore de toi... que j'implore à genoux et en pleurant...

Blanche arracha brusquement ses mains à l'étreinte de madame Herbert et recula d'un pas.

— Ainsi, — dit-elle, — c'est mon attachement pour M. de Simeuse qui cause ta douleur ?...

Diane ne pouvait parler.

Elle fit avec la tête un signe affirmatif.

Blanche poursuivit :

— Ainsi, tu veux que je brise mon amour et mon cœur ? Tu veux que j'oublie tous les rêves qui me font voir un avenir de bonheur divin dans mon union avec Raoul ?...

Diane fit signe que oui pour la seconde fois.

— Que t'a donc fait M. de Simeuse pour que tu le haïsses au point de sacrifier à la haine qu'il t'inspire la tendresse que tu prétends éprouver pour moi ?...

Blanche prononça d'une voix sèche et brève cette cruelle question.

— Que dis-tu ?... — s'écria madame Herbert, épouvantée de ce qui se passait dans l'âme de sa fille, — je n'éprouve du haine pour personne...

— Je ne te crois pas !... — répliqua Blanche fermement.

— Faut-il te le jurer...

— A quoi bon ?... je douterais de tes serments !... — Crois-tu

donc, ma sœur, que j'ai des yeux pour ne point voir?... —
— Crois-tu que l'étrange aversion, je dirai presque l'horreur ressentie par toi pour celui que j'aime, ne m'ait pas frappée depuis longtemps?... — Toi seule ici tu méconnais Raoul!... — Mon père et ton mari n'ont pour lui que l'estime qu'il mérite !... — Toi, tu le hais! mais pourquoi?... — Je dois le savoir! je veux le savoir!...

Diane, écrasée sous le poids de cette situation sans issue, gardait le silence.

Blanche continua avec exaltation :

— Enfin, ma sœur, je ne veux pas te condamner sans t'avoir entendue, et en même temps je veux te prouver que ma tendresse à moi, ma tendresse pour toi, est sans bornes... — Il faut qu'un motif bien impérieux, bien sacré, te pousse à solliciter de moi avec tant d'ardeur un sacrifice qui me tue!... — Dis-moi quel est ce motif, et je te jure qu'au risque d'en mourir, j'étoufferai mon amour!...

Diane se tordait les mains avec désespoir.

— Eh bien, — s'écria Blanche, — tu ne me réponds pas! tu gardes le silence?... ne peux-tu rien me dire?...

— Rien... — balbutia madame Herbert d'une voix éteinte.

— Mais pourquoi, enfin?... pourquoi?

— Ne m'interroge pas...

— Ainsi, tu veux te taire?

— Il le faut...

— Mais alors, qu'espères-tu donc?

— J'espère que tu céderas à mes larmes... que tu ne résisteras pas à ma douleur...

— Sans rien savoir?

— Oui, mon enfant, sans rien savoir...

— Tu te trompes, Diane, et ton espoir est insensé... — A toi qui me refuses tout, je n'accorderai rien... — J'aime Raoul et, puisque tu ne me prouves point qu'il est indigne de moi, je l'aimerai toujours... — Grâce au ciel tu n'es pas ma mère et tes droits sur moi sont nuls... — J'ai un père... un bon père, qui ne cherchera pas, lui, à me faire souffrir sans raison... — J'irai à mon père, je lui dirai tout, et nous verrons lequel prévaudra de sa tendresse pour moi ou de sa haine pour Raoul... — Adieu, ma sœur...

Et Blanche, blessée profondément par l'incompréhensible mystère dont madame Herbert entourait sa cruelle demande, s'éloigna rapidement sans même tourner la tête, sans répondre aux appels suppliants de Diane.

Celle-ci, restée seule, se laissa tomber sur un banc de gazon qui se trouvait à côté d'elle; — ses lèvres balbutièrent :

— Oh! malheureuse mère!... malheureuse mère que je suis!...

Et, pendant près d'une heure, elle resta à cette même place, immobile, muette, et dans un état de complet anéantissement physique et moral.

Au bout de ce temps elle se releva, et avec des mouvements lents et en quelque sorte automatiques, pareils à ceux d'une somnambule en état de sommeil magnétique, elle prit le chemin du château.

Elle était pâle comme une morte et ses grands yeux offraient une expression égarée presque effrayante.

Heureusement le parc était désert et Diane put atteindre le château et regagner son appartement sans avoir rencontré personne.

Arrivée là, elle entra dans un oratoire attenant à sa chambre à coucher et s'agenouillant sur un prie-Dieu, elle pleura longtemps en cachant sa tête dans ses mains et en élevant vers le Dieu de miséricorde son âme désespérée.

La prière et les larmes rendirent un peu de calme à la pauvre femme.

— Non! — balbutia-t-elle. — Non, ce n'est pas possible, mon Dieu, et vous ne me punirez pas aussi cruellement d'une faute qui n'est pas la mienne... d'un crime dont je suis innocente!!...

Elle sortit de son oratoire, et poussant les verrous intérieurs de la porte de sa chambre à coucher, de façon à ne pouvoir être surprise par une arrivée imprévue, elle ajouta :

— Si pourtant je m'étais trompée!...

Si cette ressemblance fatale n'était qu'un jeu de mon imagination...

— Voyons... Voyons encore...

Et, détachant de la chaîne de sa montre une clef microscopique, elle fit jouer la serrure à secret d'un meuble d'ébène.

Le meuble s'ouvrit.

La livide pâleur de Diane avait encore augmenté.

XVIII

Le médaillon.

La pâleur de Diane, avons-nous dit, augmentait, tandis que d'une main tremblante elle faisait jouer la serrure à secret du meuble d'ébène.

Ce meuble s'ouvrit, découvrant quatre tiroirs incrustés de cuivre, de nacre et de plomb par la main patiente d'un artisan, ou plutôt d'un artiste du seizième siècle.

Pendant quelques secondes la jeune femme demeura debout et immobile, l'œil fixe et le regard empreint d'indécision et d'effroi en face de ces tiroirs encore fermés.

Ensuite, avec un geste de résolution désespérée, elle appuya son doigt sur une fleur de cuivre délicatement ciselée et qui formait la rosace d'une arabesque bizarre.

Un bruit sec se fit entendre, pareil au craquement de la batterie d'un pistolet que l'on arme, et le tiroir, chassé par un ressort invisible, jaillit en avant.

Ce tiroir contenait des écrins d'une grande valeur et d'autres précieux objets de toilette.

Diane les enleva l'un après l'autre, de façon à ce que le tiroir restât vide.

Elle toucha alors, non plus une arabesque de métal, mais une sorte de nœud qui semblait faire partie du bois lui-même.

Une planchette d'ébène se souleva aussitôt, démasquant un double fond dont il était complètement impossible de soupçonner l'existence, à moins d'avoir été mis au fait des mystérieuses cachettes du vieux meuble.

Ce double fond n'offrait que quelques lignes de profondeur et contenait un seul objet, que Diane ne put toucher sans éprouver un tressaillement douloureux pareil à celui que la faible décharge d'une pile de Volta jette dans les muscles et dans les nerfs.

Cet objet, d'un très-petit volume, était enveloppé d'un quadruple papier de soie.

Madame Herbert défit lentement cette enveloppe et découvrit un médaillon, qui, dans un étroit cercle d'or, enfermait le portrait peint sur ivoire d'un homme jeune encore et d'une très-remarquable beauté.

Nos paroles seraient impuissantes pour rendre l'expression de son regard au moment où il s'arrêta sur ce portrait.

L'œil effaré du condamné à mort n'exprime pas une plus profonde angoisse lorsqu'il se fixe sur les piliers rouges et sur la hideuse lunette de l'échafaud où sa tête va tomber sous l'acier du couperet fatal.

Nous connaissons déjà le portrait qui produisait sur Diane une aussi terrifiante impression : nous l'avons vu sur la poitrine de M. de Labardès au souper de Georges Herbert, et nous savons que dans l'effroyable nuit du 10 mai 1830, le lieutenant Marcel avait laissé ce médaillon aux mains crispées de la jeune fille qu'il venait tout à la fois de sauver et de perdre.

A l'anneau du cercle d'or attenait un morceau de ruban noir brisé.

Diane examina longuement les traits si nobles et si expressifs du visage transporté sur l'ivoire par un pinceau moins savant sans doute que celui d'Isabey ou de madame Herbelin, mais consciencieux et fidèle, — elle en étudia les linéaments les plus déliés, comme si elle s'était proposé la tâche de le reproduire de mémoire.

À mesure que se prolongeait cet examen, la physionomie de la jeune femme devenait plus sombre, — ses longues paupières s'abaissaient davantage sur ses yeux voilés de larmes.

Enfin elle laissa tomber le médaillon en murmurant :

— Non... Non... C'est impossible... — Une semblable ressemblance ne saurait être un jeu du hasard !... — Un fils seulement peut-être ainsi la vivante image de son père !... — — C'est bien là le portrait du père de Raoul, car c'est le portrait de Raoul lui-même... — En voyant cette miniature Blanche s'y tromperait... — La pauvre enfant croirait regarder l'image de celui qu'elle croit aimer... — Blanche... Blanche... malheureuse fille d'une malheureuse mère, qu'as-tu donc fait à Dieu pour être ainsi punie, je ne dirai pas de mon crime, mais de mon malheur ?... Oh ! vous qu'on nomme le Dieu de bonté, vous qu'on appelle le Dieu de justice, foudroyez-moi si vous voulez que je me taise !... foudroyez-moi, car je vous blasphème !... — Foudroyez-moi, car je crie vers vous avec mon âme éperdue, avec mon cœur déchiré : Non, vous n'êtes pas bon !... — Non, vous n'êtes pas juste !...

En proie à un véritable paroxisme de délire, Diane saisit pour la seconde fois le portrait, elle le pressa entre ses mains frémissantes afin de l'anéantir, et elle s'écria presque à haute voix :

— Ah ! puisse-je te briser ainsi, misérable et lâche auteur de tous les maux que je souffre... de tous les maux que souffrira mon enfant, ma fille bien aimée.

Madame Herbert froissait le médaillon avec rage.

Le cercle d'or se détacha.

L'ivoire, échappé de son alvéole de métal et de verre, roula sur le tapis.

Diane fit un mouvement pour l'écraser sous le talon de sa bottine.

Mais elle s'arrêta presque aussitôt.

Le portrait était tombé la face contre terre, et il semblait à madame Herbert qu'elle voyait quelques mots écrits sur le revers de l'ivoire.

Elle se baissa donc et elle releva le fragile ovale.

Elle ne s'était pas trompée : — l'ivoire portait en effet une ligne et une date.

Voici la ligne :

« *Pour mon fils chéri, Raoul de Simeuse.* »

La date était celle-ci :

« *Novembre, 1827.* »

En déchiffrant ces mots significatifs et qui détruisaient le dernier doute qui pouvait subsister encore au fond de sa pensée, Diane eut dans les yeux l'éclair d'un sombre triomphe.

— Raoul de Simeuse !! murmura-t-elle d'une voix lente et basse. — Ainsi donc, c'est vrai... c'est bien vrai... — Raoul est le fils de l'infâme !... — oh ! je le savais... je le savais... et je ne doutais pas... mais maintenant je suis sûre !... maintenant la preuve matérielle est entre mes mains !... — Maintenant le courage ne me manquera point pour affronter les larmes de Blanche, pour briser son cœur s'il le faut, dût-elle en mourir, j'empêcherai cette union maudite... — Je suivrai, s'il le faut, dans la tombe ma fille morte, mais ma fille vivante n'épousera pas le fils de son père !...

Dans les maladies de l'âme aussi bien que dans celles du corps un fait étrange, et cependant explicable, se produit parfois.

Un moment arrive où celui qu'une douleur sourde mais continue écrasait, retrouve ses forces pour lutter contre une intolérable torture dont la violence même le galvanise en quelque sorte.

Un phénomène de la même nature, mais dans l'ordre psychologique, se passait à cette heure dans l'esprit de Diane.

Anéantie complètement jusqu'alors par les terreurs et par les doutes que traînait à sa suite l'effroyable situation que nous connaissons — (car, bien qu'elle s'efforçât de se persuader le contraire, ses doutes subsistaient encore), — elle retrouvait la plénitude de son énergie dans la certitude, ou au moins dans ce qu'elle croyait être une certitude.

Maintenant sa ligne de conduite était toute tracée ; — elle la suivrait sans hésiter et sans faiblir, et si, par impossible en présence du désespoir probable de Blanche, elle sentait chanceler son courage, l'effrayante pensée de l'inceste lui permettrait aussitôt de se raidir dans son inflexible résistance.

De là ce soulagement bizarre, mais réel, qui ne manque jamais d'accompagner une résolution irrévocablement prise.

De même que Diane avait ramassé l'ivoire, elle releva le cercle et le verre du médaillon et elle répara de son mieux les désordres causés par sa crise de douleur et de colère.

Elle replaça la miniature dans ses enveloppes de papier de soie, — elle la fit disparaître dans le double fond du tiroir. — Les écrins et les bijoux reprirent leur place.

Le tiroir fut refermé, et nulle trace de tout ce qui précède ne subsista dans la chambre de la jeune femme.

Épuisée de fatigue par les émotions puissantes qui n'avaient cessé de l'assaillir depuis le commencement de son entretien avec Blanche, Diane s'assit, ou plutôt elle s'étendit sur un divan, et s'adossant à une pile de coussins elle ferma les yeux et laissa flotter sa pensée sur des objets indifférents, s'efforçant ainsi de l'éloigner de ce qui la préoccupait si cruellement.

Cette somnolence vague, — qui n'est pas le sommeil, mais qui lui ressemble et qui suit presque toujours les violentes crises nerveuses, — commençait à s'emparer de la jeune femme.

Diane, rêvant sans être endormie, croyait sentir sur ses joues brûlantes les baisers rafraîchissants des lèvres si pures de sa Blanche adorée.

Il lui semblait entendre la voix douce et mélodieuse, la voix de cristal de la jeune fille, murmurer à son oreille :

— Tu es ma sœur et tu es ma mère... je t'aime...

Et Diane souriait délicieusement à ces baisers et à ces paroles, elle se sentait renaître et revivre.

Soudain elle tressaillit, — elle ouvrit les yeux et sa tête se redressa brusquement.

On venait de frapper à la porte de la chambre.

— Entrez... dit madame Herbert.

On frappa de nouveau.

— Pourquoi donc n'entrez-vous pas ? — demanda Diane.

— Madame, — répondit la voix bien connue d'une femme de chambre, — la porte est fermée en dedans.

C'était vrai.

Diane avait oublié qu'en arrivant chez elle elle s'était tout d'abord empressée de pousser les verrous intérieurs.

Elle quitta le divan sur lequel elle venait de se reposer et elle ouvrit.

— Qu'y a-t-il, — fit-elle, — et que me voulez-vous ?...

— Moi... rien, madame, mais c'est monsieur le comte...

— Mon père n'est pas souffrant ! — s'écria Diane avec effroi.

— Non, madame... — Monsieur le comte fait seulement demander à madame si madame aurait la bonté de descendre chez lui ?...

— Allez dire à mon père que je serai dans son appartement d'ici à trois ou quatre minutes.

— Oui, madame.

— Mon mari est-il auprès de mon père ?

— Non, madame.

— Et mademoiselle Blanche ?...

— Mademoiselle se promène dans le parc... Monsieur le comte est absolument seul...

— C'est bien, allez.

La femme de chambre sortit.

Diane s'approcha d'une glace et se regarda.

Sa pâleur était extrême, et ses yeux rougis et gonflés s'entouraient d'un cercle de bistre.

— Il ne faut pas que mon père me voye ainsi... — murmura la jeune femme, — il pourrait s'inquiéter...

Elle baigna dans une eau glacée son visage et ses paupières, — elle répara le désordre de sa chevelure, — elle prit une rose dans une jardinière de chêne sculpté et elle l'attacha à son corsage.

Ceci fait, elle quitta sa chambre et se dirigea vers l'appartement du général comte de Presles.

XIX

Le père et la fille.

Le général attendait Diane avec impatience, car il avait grandement hâte de lui faire part de la démarche de Marcel de Labardès demandant la main de Blanche pour Raoul de Simeuse.

M. de Presles aimait Raoul; — nous le lui avons entendu dire à lui-même.

La nature si loyale et si franche du jeune homme avait conquis toutes ses sympathies. — Le spectacle du tendre et naïf amour de l'orphelin pour Blanche réchauffait le cœur du vieillard ; — enfin il appelait de ses vœux ardents une union prochaine, et nous devons ajouter qu'il ne prévoyait pas d'obstacles.

L'impression fâcheuse produite sur son esprit par les confidences de Marcel et de Raoul à l'endroit de la froideur manifeste, et l'on peut même dire de la malveillance de Diane, s'était effacée bien vite.

— Il est impossible, — se disait-il, — il est complètement impossible que ma fille haïsse ce jeune homme... — Pourquoi le haïrait-elle ? — Elle ne le connaissait pas avant son arrivée dans le pays avec le baron de Labardès, et cependant, s'il fallait en croire Raoul lui-même, c'est dès leur première rencontre que cette étrange aversion se serait manifestée sans contrainte ; encore une fois, c'est impossible !... — Raoul, inquiet comme le sont tous les amoureux que préoccupe sans cesse la crainte de rencontrer des entraves sur leur chemin, aura pris ses imaginations pour des réalités !... Un jeune cœur bien épris se forge volontiers des chimères... — Oui... oui, ce doit être cela ; car, s'il en était autrement, il faudrait admettre que Diane est véritablement folle, et jamais, au contraire, Dieu n'a créé un cerveau plus droit, un esprit plus sain, un cœur plus équitable et plus tendre que celui de ma fille...

Ainsi rassuré par ses propres raisonnements, le vieillard ne doutait pas que la joie de madame Herbert, en apprenant l'amour de Raoul et de Blanche, ne fût au moins égale à la sienne.

Telles étaient ses dispositions au moment où la porte s'ouvrit et où Diane entra dans la bibliothèque.

Le père et la fille n'avaient pas encore eu d'entrevue ce jour-là..

M. de Presles quitta son fauteuil et fit quelques pas au-devant de Diane en lui disant :

— Chère enfant, sois la bien-venue... — Je suis toujours heureux de te voir, tu le sais et tu n'en doutes pas... Mais aujourd'hui je le suis doublement...

Et il embrassa par deux fois madame Herbert avec une affectueuse effusion.

— Que se passe-t-il donc, mon père ? — dit vivement Diane. — Je vois sur vos lèvres un sourire d'heureux augure, et vous semblez joyeux...

— C'est que je suis joyeux en effet...

— Puis-je vous demander pourquoi ?

— Sans doute.

— Eh bien ! je vous le demande...

— J'ai à te donner une bonne nouvelle...

— Une bonne nouvelle, à moi ?... — répéta Diane.

Et elle ajouta tout bas, avec une profonde tristesse intérieure :

— D'où viendrait-elle donc, la nouvelle qui pourrait me sembler heureuse ?... Est-ce qu'il existe encore, ici-bas, du bonheur pour moi ?

Le général, sans remarquer l'expression pleine d'amertume qui se peignait sur le visage de sa fille, poursuivit :

— Je ne veux pas te laisser plus longtemps dans l'incertitude, car tu ne devinerais jamais... — Il s'agit de ce que tu aimes le plus au monde...

— Alors, mon père, — interrompit Diane, — il s'agit de vous, de Georges ou de Blanche.

— Tu l'as dit, — répliqua le général en souriant. — Mais ton père et ton mari sont hors de cause... — C'est de Blanche seule qu'il est question en ce moment...

— Il est question de Blanche ?... — murmura madame Herbert en frémissant involontairement, tandis que tout son sang quittait son visage pour affluer à son cœur qui se serrait.

— Oui, de Blanche...

Le général s'interrompit brusquement et s'écria :

— Mais pourquoi pâlir ? pourquoi chanceler, ma fille, puisque c'est une bonne nouvelle que je vais t'apprendre ?...

— Que voulez-vous, mon père... — répondit Diane en s'efforçant d'appeler sur ses lèvres un sourire qui s'obstinait à les fuir, — que voulez-vous ? C'est une faiblesse, je le sais bien... une faiblesse poussée jusqu'au ridicule ; mais je ne saurais rien changer à cela... La seule annonce d'un événement, quel qu'il soit, relatif à ma Blanche bien-aimée, me cause une émotion contre laquelle je suis sans force... — Vous le voyez d'ailleurs, c'est passé déjà, et me voici prête à vous entendre et à me réjouir avec vous, puisque c'est un bonheur que vous allez m'apprendre...

M. de Presles serra dans les siennes la main de Diane et reprit :

— N'es-tu pas d'avis, mon enfant, toi qui as épousé l'homme que tu aimais, que la plus grande joie, la plus divine félicité d'une femme en ce monde, se trouve dans une union qui réunit non-seulement les convenances de position et de fortune, mais encore les affections du cœur et de l'âme...

— Sans doute... — balbutia Diane avec une impatience nerveuse, — l'amour dans le mariage, c'est le ciel... — Mais où donc en voulez-vous venir ?...

— Un peu de patience, je t'en prie ! — continua le général. — Quoique je prenne le chemin le plus long, j'arriverai bien vite au but... — Les unions semblables à celles dont je viens de parler sont rares, et il faut remercier Dieu lorsqu'elles se présentent pour ceux qu'on aime...

— Mon père, au nom du ciel, achevez !...

— Eh bien ! un mariage qui me paraît offrir toutes les chances et toutes les garanties de parfait et d'inaltérable bonheur s'offre en ce moment pour notre chère Blanche...

Le cœur de Diane cessa de battre.

— On vous a demandé sa main ? — balbutia-t-elle.

— Oui.

— Aujourd'hui ?...

— Il n'y a pas une heure.

— Qui donc ?

— Marcel de Labardès.

— Pour lui ?

— Pour son fils adoptif, — pour l'héritier, ou plutôt pour le possesseur de toute sa fortune, pour Raoul de Simeuse..

Diane sentit un vertige monter de son cœur à son cerveau, — elle comprit que ses lèvres entr'ouvertes allaient pousser un cri de désespoir et d'effroi, mais, faisant sur elle-même un héroïque effort, elle parvint à se dominer et elle demanda :

— Qu'avez-vous répondu ?

— Que l'union proposée comblerait tous mes vœux, mais que tu remplaçais auprès de Blanche ma pauvre femme, sa mère, que je t'avais donné sur elle les droits d'une mère et qu'il fallait obtenir, avant toute chose, ton consentement.

— Vous avez eu raison, mon père, — répliqua Diane avec une étrange exaltation, — car enfin, vous le savez bien, vous, Blanche n'est pas ma sœur, elle est ma fille...

— Plus bas, mon enfant !... parle plus bas !... — s'écria le général avec terreur. — Songe qu'une parole imprudente comme celle que tu viens de prononcer pourrait empoisonner à tout jamais la vie de ton mari !... — A quoi bon, d'ailleurs, rappeler un passé terrible, puisque, tu le vois toi-même, j'ai pris soin de réserver tes droits, et que ces droits seront respectés.

— Ainsi, pour ce mariage, mon consentement est regardé par vous comme indispensable ?

— Je viens de t'en donner la preuve.

— Et, si je le refusais, vous renonceriez à l'union projetée?...

— J'y renoncerais, mais avec une profonde douleur...

— Eh bien, mon père, pardonnez-moi de vous causer ce chagrin cuisant, mais ce mariage est impossible...

Le général ne put contenir un brusque mouvement de surprise.

— Impossible! — répéta-t-il, — tu as dit impossible?...

— Oui, mon père.

— Pourquoi?...

Diane agita les lèvres pour répondre :

— Parce que le père de Raoul est un misérable, et que ce misérable est aussi le père de Blanche...

Mais, au moment d'articuler ces paroles, le courage lui manqua, — une brûlante rougeur envahit son visage, elle baissa la tête et garda le silence.

Pendant quelques secondes M. de Presles attendit la réponse de sa fille.

Cette réponse ne venant pas, il reprit :

— Voyons, mon enfant, ma chère enfant!... — tu aimes Blanche plus que tout au monde, n'est-ce pas?

— Oui... plus que tout au monde... — répéta Diane d'une voix à peine distincte.

— Cela étant, tu ne peux songer sérieusement à sacrifier son avenir et son bonheur à l'aversion irréfléchie et sans cause, à l'antipathie irraisonnée que t'inspire M. de Simeuse!...

— Ah! — balbutia madame Herbert, — on vous a dit que je haïssais Raoul?

— Sans doute...

— Et qui vous a dit cela?

— Tout le monde, — ton mari, — Marcel de Labardès, — Raoul lui-même enfin... — Est-ce qu'ils se sont trompés? est-ce que tu n'éprouves en réalité ni répulsion, ni haine à l'endroit de ce jeune homme?

Diane hésita.

Deux partis s'offraient à elle.

Le premier était d'avouer à son père la vérité tout entière et de lui révéler ce qu'il ne savait pas encore du funeste secret de la nuit du 10 mai 1830.

Le second était d'accepter comme chose réelle et incontestable cette étrange et violente haine qu'on lui supposait pour M. de Simeuse.

En employant ce moyen elle gagnerait au moins un peu de temps, elle reculerait la révélation fatale dont la seule pensée blessait en elle douloureusement toutes les saintes pudeurs de la femme et de la mère.

Son choix n'était pas douteux. — Ce fut au second parti qu'elle s'arrêta.

— Eh bien, oui, — dit-elle, — je ne puis vous le cacher plus longtemps et je voudrais en vain me le cacher à moi-même... J'éprouve pour M. de Simeuse un sentiment d'insurmontable répulsion... à son aspect mon cœur se soulève...

— Je crois voir en lui non-seulement mon ennemi, mais l'ennemi de tous ceux qui me sont chers!... — Ne m'interrogez pas sur les motifs de cette incompréhensible horreur pour un jeune homme qui peut et qui doit inspirer des sentiments tout différents... je ne saurais vous les apprendre... car moi-même je ne les connais pas... — est-ce quelqu'instinct merveilleux qui me guide? est-ce quelqu'étrange aberration qui m'égare?... je l'ignore... — L'avenir nous l'apprendra peut-être...

M. de Presles avait écouté Diane avec une muette stupeur.

Il entendait très-distinctement ses paroles, et cependant il ne pouvait ajouter foi à la réalité de ces paroles mêmes qui frappaient ses oreilles.

Il ne reconnaissait plus sa fille.

Qu'était devenue cette haute raison que jamais, jusqu'à ce moment, il n'avait vue se démentir?...

Évidemment, pour parler ainsi qu'elle venait de le faire, il fallait que madame Herbert fût en délire... — et cependant elle semblait calme, et la pâleur de son visage excluait toute idée de fiévreuse exaltation.

M. de Presles appuya ses coudes sur la table qui se trouvait à côté de lui.

Il laissa tomber sa tête sur ses deux mains, et pendant quelques minutes il resta silencieux et absorbé dans une douloureuse méditation.

Lorsqu'il releva la tête, Diane put voir, avec un profond serrement de cœur, que de grosses larmes coulaient lentement sur ses joues sillonnées de rides.

Les larmes qui baignent un visage de vingt ans peuvent être parfois touchantes, — elles ne sont jamais pénibles à regarder.

La trop grande surabondance de jeunesse et de sève s'échappe par la source des pleurs.

Les larmes tombant des yeux d'un vieillard produisent une impression bien différente...

Elles font mal à voir.

On dirait qu'en même temps que ces dernières perles liquides qui tombent de paupières flétries, c'est la vie du cœur qui s'en va !

XX

Le frère et la sœur.

— Diane, — murmura le vieillard avec un accent désolé, — je ne t'ai donc pas dit que Blanche aime Raoul?...

— Vous ne me l'avez pas dit, mon père, mais je le savais... — répliqua madame Herbert.

— Et cet amour si chaste et si charmant te trouve sans pitié...

— A l'âge de Blanche, on oublie vite...

— Tu te trompes, mon enfant; un cœur comme celui de Blanche n'oublie pas... quand il s'est donné, c'est pour toujours.

Permettez-moi d'espérer qu'il ne s'agit point ici d'une passion sérieuse et durable, mais d'un attachement passager et presque enfantin... — permettez-moi de croire que Blanche s'illusionne elle-même sur le sentiment qu'elle éprouve, et qu'elle donne le nom d'amour à ce qui n'est que sympathie.

Le général secoua doucement la tête.

— Non... non... — fit-il au bout d'un instant, — Raoul de Simeuse, je le sens bien, est de ceux qu'une femme doit aimer pour toute sa vie... J'ai la certitude que Blanche souffrira cruellement.

— Mieux vaut sa souffrance que son malheur...

— Ainsi, ta résolution est arrêtée... tu refuses de consentir à ce mariage qui serait la joie de mes derniers jours?...

— Je dois refuser, et je refuse.

— Irrévocablement?...

— Irrévocablement, oui, mon père.

— Cruelle enfant! Sans compter le chagrin que tu me causes, dans quel embarras tu me jettes!

— Je ne vous comprends pas...

— Que vais-je dire à Marcel de Labardès et à Raoul, après m'être en quelque sorte engagé vis-à-vis d'eux?...

— Vous ne vous êtes point engagé, mon père, puisque vous aviez pris soin de subordonner votre consentement au mien... — Vous répondrez que je m'oppose au mariage, et que vos pressantes demandes n'ont pu rien obtenir de moi.

— Raoul voudra connaître la cause de cette mortelle et inexplicable injure que tu lui fais...

— Eh bien! qu'il vienne me la demander à moi-même ; je saurai lui répondre sans le blesser... — Rien, d'ailleurs, ne vous oblige à donner une solution immédiate... — il est facile de gagner du temps... — l'âge de Blanche est le meilleur de tous les prétextes pour traîner les choses en longueur... — Nous trouvons cette enfant trop jeune pour songer à la marier déjà... — Qui donc pourrait s'offenser d'une résolution si vraisemblable et si naturelle?

— Oui... oui, sans doute... — murmura M. de Presles, —

tout cela, peut être, serait simple et facile en effet... — Mais il faudrait mentir... et je ne sais pas mentir...

Tandis que le vieillard prononçait ces dernières paroles, un sourire étrange se dessinait sur ses lèvres et semblait s'y fixer.

L'expression de ses traits changeait, ou plutôt son visage perdait toute expression.

L'étincelle de l'intelligence disparaissait de ses regards tout à la fois fixes et vagues.

Ses épaules se voûtaient, — sa tête se penchait en avant et ses deux mains venaient s'appuyer sur ses genoux comme celles des colosses égyptiens taillés dans le granit, du temps des Pharaons.

Diane suivait avec un effroi visible les rapides progrès de cette étrange métamorphose.

— Mon père... mon père... — demanda-t-elle vivement et avec inquiétude, — au nom du ciel! qu'avez-vous donc?...

M. de Presles ne répondit pas et ne sembla point avoir entendu la question de sa fille.

Diane s'agenouilla devant lui, prit une de ses mains et la couvrit de baisers.

Le général abaissa son regard sur madame Herbert, tandis que son sourire bizarre et sans cause ne quittait pas ses lèvres.

— Ah!... c'est toi, ma fille... c'est toi, Diane... — fit-il ensuite d'une voix lente et qui ne ressemblait que vaguement à son organe habituel, — je ne t'avais pas encore vue... — Es-tu là depuis longtemps, mon enfant?

— Oui, mon père... depuis longtemps.

— C'est que je dormais, sans doute.

Madame Herbert garda le silence.

Le général poursuivit :

— Nous sommes au printemps, je crois?

— Non, mon père; — nous touchons à la fin de l'été.

— Ah! c'est juste... je ne me souvenais pas... — Le temps est-il beau?

— Oui, mon père...

— Il me semble que le soleil brille...

Diane fit un signe affirmatif.

— Si nous allions nous promener un peu dans le parc?... je crois que cela me ferait du bien... — Le veux-tu, Diane?

— Je veux tout ce que vous voulez, mon père...

— Partons, alors... Mais je suis faible... il faut qu'on me soutienne... — Appelle Blanche et son mari...

— Son mari! — répéta madame Herbert stupéfaite.

— Sans doute... Est-ce que Raoul n'est point le mari de Blanche?

— Non, mon père...

— Ah!... je croyais... Mais s'il ne l'est pas encore, il doit l'être... il le sera. — Fais-les venir tous les deux... j'aime à voir ces enfants l'un auprès de l'autre... — ils sont si beaux et si bons...

— M. de Simeuse n'est pas au château, mon père...

— Et Blanche?

— Nous la trouverons dans le parc.

— Allons la rejoindre... Donne-moi ton bras... — Les rayons de ce beau soleil me mettent de la joie au cœur... — Je me sens heureux, ma fille... — Tu sembles heureuse aussi, toi, Diane... il y a du bonheur autour de nous... — Mes derniers jours seront des jours de paix et de joie...

Diane pleurait, — mais son père ne voyait point ses larmes

Aidé par elle, le général se souleva péniblement de son fauteuil que, quelques instants auparavant, il avait quitté sans aide et sans peine pour marcher au-devant de sa fille.

Puis tous deux, — le vieillard appuyé sur la jeune femme, — sortirent de la bibliothèque et se dirigèrent avec lenteur, à travers les corridors du château, vers le large escalier qui conduisait au parc.

M. de Presles, on le comprend, se trouvait sous le coup d'une de ces brusques *absences* dont nous avons constaté déjà le retour de plus en plus fréquent et la durée de plus en plus longue.

— C'est un répit pour moi... — pensa Diane, — et peut-être que, lorsque sa raison reviendra, mon père ne se souviendra plus...

Les heures de la journée s'écoulèrent, — le soir arriva, — la lumière de l'intelligence n'avait point reparu dans la tête affaiblie du vieillard.

Georges Herbert prit le chemin de la villa Labardès, afin de prévenir Marcel et Raoul qu'il leur fallait s'armer de patience et attendre encore la solution si ardemment désirée par eux.

§

A la suite des événements accomplis à Toulon après le déjeuner offert par le baron de Polart à ses bons amis du *Cercle du Commerce et des Arts*, Gontran n'était rentré au château que bien avant dans la nuit.

Nous devons lui rendre la justice de déclarer qu'il ne ferma pas l'œil un instant et que, debout auprès de sa fenêtre ouverte, il vit les étoiles s'effacer l'une après l'autre dans l'espace, chassées par les premières clartés de l'aube.

L'insomnie de Diane fut d'ailleurs aussi complète et plus cruelle encore, car la jeune femme se voyait obligée de feindre le sommeil, afin de cacher à son mari les angoisses qui la dévoraient.

Dès le matin, et après s'être assuré que Georges venait de sortir à cheval, Gontran fit demander à sa sœur une entrevue qu'il obtint sur-le-champ.

Au moment où le jeune homme entrait dans la chambre de Diane, cette dernière fut frappée de sa pâleur et de l'éclat fiévreux de son regard.

— Es-tu malade? — lui demanda-t-elle avec intérêt et affection, car enfin il était son frère, et, quelle que fût sa déplorable conduite, elle pouvait ne plus l'estimer, mais le même sang coulait dans leurs veines et il lui fallait l'aimer malgré tout. — Es-tu malade? — répéta-t-elle, — tu parais souffrant...

— Non, ma chère Diane... — j'ai mal dormi, voilà tout... — Jamais je ne me suis mieux porté...

— J'en suis heureuse si cela est vrai... — A quoi dois-je attribuer cette visite matinale, si fort en dehors de tes habitudes?

— Je viens te prier de me rendre un service.

— Un service?

— Oui.

— Je devine...

— J'en doute très fort.

— Tu as joué et tu as perdu... et tu vas me demander de l'argent?... — Hélas, mon pauvre Gontran, si c'est cela, tu t'adresses mal... — Je te suis venue en aide deux fois depuis peu de temps et ma bourse est à sec...

Gontran tira de sa poche une poignée de pièces d'or qu'il montra à Diane.

— Tu vois bien que tu te trompais... — dit-il ensuite. — Dans le service que j'attends de toi, il n'est pas question d'argent.

— Ah! — fit madame Herbert du ton d'un véritable étonnement.

Puis elle ajouta :

— Mais, alors, de quoi donc s'agit-il?

— Tu vas le savoir, — répliqua le vicomte non sans embarras. — Te souviens-tu que l'autre jour, — avant-hier, je crois, — j'ai présenté à toi et à mon père un de mes amis?...

— Je m'en souviens, et, si tu veux que je sois franche, j'avouerai que je te vois avec quelque surprise évoquer un semblable souvenir.

— Pourquoi donc?...

— Tu me le demandes et tu le sais aussi bien que moi.

— Non, en vérité!...

— Tant pis pour toi... — Eh bien! mon cher Gontran, ne devrais-tu pas rougir d'avoir amené dans la maison de ton père et d'avoir présenté à ta sœur, un personnage aussi étrange, pour ne pas dire plus, que ce baron de contrebande qui n'est pas et ne peut pas être ton ami?... — Un pareil manque de tact chez un gentilhomme de ton nom, chez un homme du monde, est impardonnable!...

— Si je manque beaucoup de tact, ma chère Diane, — répondit Gontran en grimaçant un sourire, — il me semble que tu manques un peu d'indulgence... — Peut-être les manières de M. de Polart laissent-elles quelque chose à désirer sous le rapport de la distinction...

— Peut-être, en effet !... — interrompit madame Herbert avec ironie.

— Mais, — poursuivit le vicomte, — ce n'en est pas moins un homme très-bien né... et... de plus... notre allié...

Gontran, malgré l'assurance qu'il affectait, ne prononça qu'avec une grande hésitation ces derniers mots.

— Notre allié ! — s'écria Diane, — que signifie cela !... — ce M. de Polart aurait-il la prétention, par hasard, d'appartenir de près ou de loin à notre famille ?...

— Mais, sans doute, il a cette prétention... et elle est fondée...

— Il te l'a dit ?...

— Il a fait mieux que de me le dire, — il me l'a prouvé...

— Et comment cela, je te prie ?...

— En me montrant les pièces authentiques qui constatent l'union, au quinzième siècle, d'un comte de Presles avec une demoiselle de Polart.

— Tu as vu cela, toi, Gontran ?... — demanda la jeune femme stupéfaite.

— J'ai vu cela, moi, Gontran, vicomte de Presles par la grâce de Dieu...

Diane, en face de cette affirmation si positive de son frère, resta interdite pendant un instant.

Mais bientôt elle reprit :

— Qu'est-ce que cela prouve, après tout ?... — Si l'alliance dont tu parles a véritablement eu lieu, ton prétendu baron a volé le nom qu'il porte, voilà tout !... — D'ailleurs, ne peut-on pas fabriquer de faux papiers de famille ?... — il y a bien des gens qui font des billets faux, de qui est autrement grave encore... — Or, qui peut le plus, peut le moins...

« Il ne faut point parler de corde dans la maison d'un pendu ! » dit un proverbe vieux et sage.

Une fois encore ce proverbe se trouva justifié.

Certes, Gontran ne pouvait admettre que les dernières paroles de sa sœur fussent à son adresse, et cependant en les écoutant il rougit jusqu'au blanc des yeux, ainsi qu'on dit vulgairement.

Diane ne remarqua point son trouble.

— Enfin, — reprit-elle, — explique-toi, car je t'assure que je ne devine pas le moins du monde où tu veux en arriver !...

— Dans quel but viens-tu me mettre au fait des prétentions nobiliaires de ton étrange ami, qui, sans doute, s'est procuré ses parchemins dans l'une de ces ténébreuses officines où l'on vend au plus juste prix, dit-on, des blasons, des titres et des décorations de toutes les couleurs ?... — J'imagine que tu ne comptes pas me proposer de reconnaître M. le baron de Polart pour mon parent, et de l'appeler mon cousin ?...

L'âcreté railleuse de Diane désarçonnait Gontran de plus en plus, et doublait la difficulté de la demande qu'il avait à formuler.

L'excessif embarras qu'il éprouvait doit être facile à comprendre pour nos lecteurs.

— Franchement, madame ma sœur, — dit-il avec une aigreur mal contenue, — je ne t'avais jamais vue si moqueuse et si cuirassée d'orgueil héraldique !... — quelle animosité dans ces attaques !... — que l'a donc fait ce pauvre baron ?...

— Il me semble cependant qu'en devenant la femme de Georges, qui n'est pas même gentilhomme, tu t'es bel et bien mésalliée...

Diane, presque avec hauteur, interrompit le jeune homme.

— Il te semble mal ! — dit-elle, — Georges a la double noblesse du cœur et de l'intelligence, — et ces noblesses-là valent mieux que la tienne ! souviens-toi de cela, mon frère !...

— Un vicomte comme toi est bien peu de chose à côté d'un roturier tel que Georges, c'est mon avis et c'est aussi celui de tous les gens de sens et d'esprit qui te diront qu'un grand nom n'a de valeur que lorsqu'il est bien porté !...

Gontran salua avec une humilité hypocrite.

— Merci de la leçon... — fit-il.

— Dieu veuille qu'elle te profite ! — et maintenant te plaît-il de m'apprendre enfin ce qui t'amène, car je ne puis en aucune façon le deviner, je te le répète...

— C'est qu'en vérité je ne sais plus comment t'avouer...

— Quoi donc ?

— Quel est le service que j'attends de toi...

— Deviendrais-tu timide, par hasard ?...

— En ce moment, oui... je l'avoue.

— Tu vas me demander une chose insensée ?

— Insensée à ton point de vue, je le crains...

— Parle toujours, je jugerai après... — de quoi est-il question ?...

— De mon ami...

— Du baron de Polart ?

— Oui.

— L'énigme se complique... — que peut-il y avoir de commun entre moi et ce monsieur ?...

— Rien, assurément... — seulement M. Polart a le désir...

Gontran s'interrompit.

— Eh bien, — reprit Diane, — voyons... Quel est le désir de ce gentilhomme dont il me paraît que tu t'es constitué l'interprète officieux ?...

Gontran s'arma de toute sa résolution.

— Enfin, — poursuivit-il, — le baron de Polart quittera Toulon dans très-peu de jours pour aller en Afrique où il a reçu du gouvernement la concession de terrains immenses... et sa plus vive ambition est d'être admis, avant son départ, à s'asseoir une fois à la même table que mon père et que toi...

— Ouf ! — pensa Gontran quand il eut achevé, — j'ai tout dit !...

— En d'autres termes, — demanda madame Herbert, — il sollicite une invitation à dîner ?...

— Précisément.

Malgré les cuisantes angoisses qu'elle ressentait depuis la veille, Diane ne put retenir un éclat de rire franc et sonore.

— Mon cher Gontran, — dit-elle ensuite, — j'en suis fâchée pour ton baron, mais ses rêves ambitieux ne se réaliseront pas...

— Tu repousses ma demande ?

— De la façon la plus formelle et la plus absolue...

— Cependant, si je te suppliais avec des instances infinies ?...

— Tu ne saurais obtenir de moi une chose qui me paraît souverainement absurde, et non-seulement absurde, mais inconvenante...

— Diane, je te conjure à mains jointes de ne pas me refuser...

Et, en effet, tandis qu'il murmurait les derniers mots que nous venons d'écrire, le vicomte étendait ses mains vers sa sœur avec un geste suppliant.

Madame Herbert, étonnée d'un accent qui s'accordait si mal avec la nature indépendante et emportée de son frère, fixa sur lui un regard inquisiteur dont il ne put supporter le poids, car il baissa la tête et les yeux comme devant un juge.

— Voyons, — dit-elle après un instant de silence, — auras-tu du moins le courage de la franchise ?

— Je le jure ! — s'écria Gontran.

— Tu me répondras la vérité ?...

— La vérité tout entière.

— Alors, conviens avec moi que le baron de Polart n'est pas et n'a jamais été ton ami...

— Que crois-tu donc qu'il soit ?

— Je crois qu'il est ton maître et qu'il fait de toi son valet !...

— Son valet !... — répéta le vicomte dont une nouvelle rougeur empourpra le front et les joues.

— Oui, — son valet !... — poursuivit Diane avec énergie, — car tu viens ici, non pas solliciter de ton plein gré une invitation pour cet homme, mais obéir servilement à l'ordre qu'il t'a donné !... — Gontran, tu m'as promis la franchise !... ce que je viens de te dire est-il vrai ?...

— Cela est vrai... — balbutia le vicomte.

— Ainsi, tu t'es mis dans la dépendance d'un prétendu baron qui n'est, sans aucun doute, qu'un aventurier du dernier ordre?... — tu lui as laissé prendre sur toi une autorité sans limites?...

— Ce n'est pas moi qui ai fait cela...

— Et qui donc?

— Le hasard...

Diane haussa les épaules.

— Qu'appelles-tu le hasard? demanda-t-elle, — entre M. de Polart et toi que s'est-il passé?...

— Rien que de très-simple... — j'ai joué...

— Et tu as perdu?

— Naturellement.

— Eh! je le savais bien!... je le devinais!... je te l'ai dit tout d'abord!... — Gontran, cet homme t'a volé!...

— Je n'en crois rien... — D'ailleurs, que je le croie ou non, je n'en ai pas moins perdu...

— Et tu n'as pas payé?

— Avec quoi l'aurais-je fait?...

— Et combien dois-tu?...

Après une ou deux secondes d'hésitation, Gontran répondit :

— Trente mille francs.

— Ah! mon Dieu! — s'écria Diane, — trente mille francs!... — Oh! mon frère, mon frère, dans quelle situation t'es-tu placé!...

— Dans une situation odieuse, je le sais aussi bien que toi... — Tu comprends comme moi, ma sœur, combien il est urgent d'en sortir...

— En sortir, et par quel moyen?

— Il n'y en a qu'un seul... — M. de Polart est un homme riche, et plus vaniteux encore que riche... — Il sacrifie sans hésiter ses intérêts pécuniaires à la moindre satisfaction de son orgueil... — Si j'obtiens pour lui une invitation à dîner au château de Presles, sa joie sera telle qu'il m'accordera pour le payement de ma dette des délais illimités... — Si, au contraire, il se heurte contre un inexorable refus, son amour-propre froissé le poussera aux démarches les plus pénibles pour moi... — Je le sais capable de venir me relancer jusqu'ici pour me sommer brutalement et scandaleusement d'avoir à le payer sur l'heure, et, comme je ne pourrai le satisfaire, il s'adressera très-certainement à mon père...

— Tu as raison, — murmura madame Herbert, — il faut éviter cela... il faut l'éviter à tout prix... — ah! si j'avais trente mille francs à te donner...

— Mais tu ne les as pas?...

— Est-ce que les femmes ont de l'argent!... — Demander à mon mari cette somme énorme... — il la refuserait... cela n'est pas douteux... — Mon Dieu... mon Dieu... que faire?...

— Je te l'ai dit, il n'existe qu'un moyen... — Autorise-moi à inviter le baron pour demain, et tout s'arrangera...

— Tout s'arrangera pour un temps, peut-être... — Mais plus tard il le faudra payer!... — Et alors, comment feras-tu?...

— Tu oublies, ma sœur, que mon père est bien vieux, et qu'après lui nous serons riches...

Un cri s'épouvante s'échappa des lèvres de Diane.

Elle éleva ses deux mains vers le ciel, en balbutiant d'une voix altérée :

— Malheureux!... malheureux!... Tu spécules sur la mort de notre père!... — Tu feras de son cercueil un comptoir pour y payer tes dettes insensées!...

— Diane, je t'en supplie, — répondit Gontran, — n'exagère pas ainsi les choses les plus simples en les dénaturant!... — J'aime mon père autant que tu peux l'aimer toi-même, mais, comme il est âgé et comme nous sommes jeunes, c'est lui, selon toute vraisemblance, qui doit partir le premier... — Cela est si vrai que chacun parle très-ouvertement de la mort, du monde de la fortune dont on doit hériter un jour et dont les possesseurs sont encore vivants... — Ces richesses futures, tu le sais aussi bien que moi, on les appelle des *espérances*...

— Ah! — murmura madame Herbert, — le monde est infâme!...

— Ceci, — pensa Gontran, — ceci n'est pas précisément neuf... — Mais laissons dire ma chère sœur, car avant trois minutes elle aura fait ce que je désire...

Le vicomte ne se trompait pas.

Avant que se fussent écoulées les trois minutes qu'il fixait pour délai aux irrésolutions de Diane, cette dernière rompit un silence que Gontran n'aurait eu garde d'interrompre.

— Mon frère, — dit-elle, — je te cède...

Et comme le jeune homme allait lui témoigner sa reconnaissance, elle se hâta d'ajouter :

— Non... non... Ne me remercie pas, car je ne fais rien pour toi... — Tu es le mauvais génie de notre maison et bien des malheurs déjà nous sont arrivés par ta faute... — Je t'abandonnerais donc, sinon sans regrets, du moins sans pitié, au sort que tu n'as que trop mérité... mais je ne veux pas qu'un coup terrible vienne frapper notre père et abréger ses derniers jours... — Je ne veux pas que d'abjectes réclamations de tripot fatiguent son oreille et troublent son esprit... — Je ne veux pas enfin contribuer peut-être à te rendre maître plus tôt d'une fortune dont je devine par avance le honteux usage!... — Tu peux donc annoncer à l'homme à qui tu t'es vendu, corps et âme, pour trente mille francs, que sa place sera marquée demain à notre table de famille!!... — Va, Gontran, tu dois être fier, car tu auras fait une chose impossible!!... — Grâce à toi un honteux coquin, un misérable chevalier d'industrie, viendra s'asseoir entre ton père et tes deux sœurs!... — Tous nos ancêtres se joignent à moi pour te crier : Bravo, Gontran!!...

Le vicomte ne répondit pas un seul mot. — Il salua Diane comme il aurait salué une étrangère, et il sortit de la chambre en se disant :

— Elle n'est pas précisément très-aimable, madame ma sœur, — mais bah!... Tout est bien qui finit bien!...

XXI

Préparatifs.

Gontran n'était point extrêmement désireux de retourner avant quelques jours à Toulon où, sans aucun doute, l'aventure de la soirée précédente avait fait du bruit.

Comme la plupart des gens dont la conscience n'est pas bien nette, il craignait de voir l'attention publique se fixer sur lui outre mesure.

En quittant la chambre de Diane, il remonta donc dans son propre appartement, et s'asseyant devant le bureau qui lui venait de sa mère, il traça les lignes suivantes :

« Mon cher baron,

« Je vous écris officiellement au nom de mon père et de ma sœur, en même temps qu'au mien, pour vous dire notre espoir que vous voudrez bien nous faire le plaisir de venir dîner demain au château de Presles.

« Je suis un peu souffrant ce matin, et ne pouvant vous aller voir, à mon grand regret, je prends le parti de vous envoyer cette lettre par mon valet de chambre.

« L'heure des repas de ma famille est invariable, car on ne saurait apporter de modifications aux habitudes d'un vieillard. — On se met donc à table pour le dîner à six heures précises.

« En attendant que j'aie le plaisir de vous serrer la main, croyez que je suis entièrement à vous, avec un dévouement absolu.

« Vicomte Gontran de Presles. »

Cette lettre achevée et mise sous enveloppe, le vicomte donna l'ordre à son domestique de monter à cheval sur-le-champ, de galoper jusqu'à Toulon, de chercher M. de Polart, soit à l'*Hôtel de la Marine Royale*, soit au *Cercle du Commerce et des Arts*, — enfin, de ne point revenir sans l'avoir trouvé et sans avoir remis entre ses mains l'épître que nous venons de reproduire.

Le valet de chambre était de retour au bout de trois heures, rapportant un petit billet ainsi conçu :

« Merci de la gracieuse invitation dont vous vous êtes fait l'interprète, mon cher vicomte. — Je n'attendais pas moins de vous et de l'honorable famille à laquelle je suis fier d'être rattaché par une lointaine alliance.

« Demain, à six heures moins cinq minutes, j'aurai l'honneur de me présenter au château de Presles.
« A demain donc, mon cher vicomte, et tout à vous comme vous savez.

« Baron Achille de Polart. »
« *Chevalier de plusieurs ordres, et commandeur de quelques autres.* »

La journée s'écoula sans amener le moindre incident pour aucun de nos personnages.

Le général, dont un voile épais obscurcissait depuis la veille, d'une façon complète, sinon la raison du moins la mémoire, semblait décidément tombé en enfance, et Diane commençait à concevoir de sérieuses inquiétudes, car jamais les *absences* de son père n'avaient été de si longue durée.

Blanche, triste et en proie à un découragement profond, malgré la légèreté naturelle à son âge, boudait sa sœur, se tenait à l'écart et s'absorbait dans son chagrin avec une persistance un peu romanesque.

Georges était parti dès le matin pour la villa Labardès. — Il n'en revint que pour le dîner, qui fut silencieux et lugubre, malgré la présence inaccoutumée de Gontran.

Ce ne fut pas sans un embarras facile à comprendre que Diane apprit à son mari ce qui s'était passé le matin entre elle et son frère, et l'étrange invitation à laquelle une impérieuse nécessité l'avait contrainte de donner son acquiescement.

— Ma chère Diane — s'écria Georges après avoir écouté sa femme avec une sorte de stupeur, — vous avez cru devoir céder à une exigence insensée, et je n'ose vous en blâmer, car peut-être aurais-je agi de la même façon à votre place, mais, je vous le dis avec la plus cuisante et la plus sincère douleur, ce malheureux Gontran ne tardera guère à déshonorer le nom qu'il porte !!...

— Hélas ! — murmura madame Herbert, — je le crains comme vous, mon ami, et cette crainte me fait bien souffrir...

— Soyez certaine, — poursuivit Georges, — que votre frère ne vous a pas tout avoué... — Entre lui et ce baron de Polart il doit y avoir autre chose qu'une dette de jeu...

— Mon Dieu, vous me faites trembler !... — Qu'y aurait-il ?...

— Malheureusement je l'ignore, mais je soupçonne et je redoute quelque mystérieuse infamie, que nous verrons un peu plus tôt ou un peu plus tard éclater au grand jour, et dont la honte rejaillira sur nous tous...

— Ah ! — répliqua Diane, — que Dieu ait pitié de nous, et, dût ce vœu sembler sacrilége, fasse le ciel, si ce que vous prévoyez doit arriver, que les yeux de mon pauvre père soient fermés alors et ne puissent voir ce navrant spectacle !!...

— Oui, que Dieu vous entende... — ajouta Georges presque à voix basse, — et qu'il épargne le noble vieillard !... — Qui sait si cette paralysie intellectuelle dont les ravages semblent grandir de jour en jour et d'heure en heure n'est pas un suprême bienfait de la Providence ?..

— Georges... Georges, — demanda vivement madame Herbert, — croyez-vous donc que la mémoire et l'intelligence de mon père ne se réveilleront pas ?...

— Je ne saurais, à cet égard, former même une conjecture, mais peut-être serait-il à désirer qu'il en fût ainsi... — Hélas ! hélas !... ma pauvre chère Diane, c'est à former ces vœux impies que votre frère nous réduit fatalement !!... — Ah ! que maudit soit le jour où Gontran est venu au monde !...

Diane mit doucement sa main sur la bouche de son mari.

— Non, — lui dit-elle, — non, cher Georges, ne maudissez pas !! — Certes, Gontran est cruellement coupable, mais nous ne devons point oublier qu'il est le fils de mon admirable mère... de cet ange du ciel qui est retourné au ciel...

— Puisse-t-elle, de là-haut, veiller sur son enfant, — répliqua Georges, — et placer une barrière entre lui et les abîmes de honte dans lesquels il va rouler !!

Diane ne répondit pas.

Elle entra dans son oratoire, et là, agenouillée aux pieds du grand christ d'ivoire qui se détachait sur un fond de velours pourpre, elle pria longuement, non-seulement pour Gontran, mais pour Blanche et pour elle-même.

§

Le lendemain était un jeudi, — jour fixé par le vicomte, ou plutôt par M. de Polart lui-même, pour le dîner auquel il était venu à bout de se faire inviter.

Gontran passa une partie de l'après-midi à donner des ordres et à surveiller les préparatifs.

Par une vanité puérile, qui peut-être n'était point exempte de certains calculs qu'il est possible de deviner, mais dans l'étude approfondie desquels nous n'avons pas à entrer, Gontran tenait singulièrement à éblouir son hôte imposé, en étalant à ses yeux toutes les splendeurs de ce luxe seigneurial qui dénote non-seulement une grande fortune, mais encore une grande famille.

D'habitude le service des repas au château de Presles, lorsqu'on se trouvait en famille, se faisait avec la plus complète simplicité.

Des assiettes du Japon, à dessins bleus, couvraient la table, et un seul valet de chambre suffisait à tout.

Ce jour-là, Gontran convoqua le ban et l'arrière-ban de la domesticité du comte. — Valets de pied, cochers et grooms durent se tenir prêts à endosser la grande livrée, c'est-à-dire la culotte courte et l'habit à la française galonné sur toutes les tailles aux couleurs de la maison de Presles.

La vaisselle plate fut tirée des bahuts de chêne sculpté où elle reposait derrière des vitrines de cristal.

Il en fut de même d'un merveilleux service de dessert en porcelaine de Sèvres, donné par le bon roi Louis XV au grand-père du général.

Chacune des assiettes de ce service valait tout au bas mot vingt-cinq louis.

Quant au repas lui-même, Gontran avait enjoint au cuisinier de se surpasser, et au sommelier de monter de la cave un choix des premiers crus et des plus vieux vins.

Diane, traversant par hasard la salle à manger au moment où le vicomte surveillait tous ces apprêts, ne put s'empêcher de hausser les épaules et de lui dire :

— A te voir, mon pauvre Gontran, sais-tu bien qu'on croirait que nous allons recevoir un grand seigneur ou un honnête homme !...

Le rouge monta au visage du vicomte.

— Eh bien, — répliqua-t-il, — qui t'affirme que M. de Polart n'est pas l'un et l'autre ?...

Diane fit un nouveau geste de profond dédain, tout en répondant :

— Ah ! sois tranquille, nos valets eux-mêmes ne s'y tromperont pas !...

— Que veux-tu dire ?

— Qu'ils auront sans doute le bon sens et le bon goût de s'étonner de voir assis à la table de leurs maîtres un croquant dont ils ne voudraient pas à la leur !

Gontran éprouvait une irritation d'autant plus vive des paroles de sa sœur, qu'au fond il savait bien qu'elle avait raison.

— Je te le répète, — fit-il aigrement, — tu n'as pas de charité !

— Et toi, — répondit Diane en sortant, — et toi, mon frère, tu n'as pas de dignité !...

— Ah ! — pensa Gontran resté seul, — si jamais je puis te rendre toutes les humiliations que tu me fais subir, je le jure, ma très-chère sœur, que tu ne resteras pas ma créancière et que j'aurai hâte d'acquitter ma dette !...

Mais, au bout de quelques minutes, le vicomte oubliait sa colère et sa rancune, pour se consacrer de nouveau et tout entier aux préparatifs dont il se faisait l'ordonnateur.

Quand les choses lui parurent en bon ordre, il appela son valet de chambre.

— Jean, — lui dit-il, écoutez-moi avec attention...

— Oui, monsieur le vicomte.

— Et répétez à vos camarades ce que je vais vous dire.

— Oui, monsieur le vicomte.

— La personne qui dîne ce soir au château est un de mes amis intimes, M. le baron de Polart, à qui je vous ai chargé de porter une lettre hier... — Je fais de lui un cas tout particulier...

— Ah ! moi aussi, monsieur le vicomte ! — s'écria le valet avec un entraînement naïf.

— Et d'où vient votre enthousiasme, je vous prie ? — demanda Gontran avec un sourire de satisfaction, car dans son esprit l'opinion de ce domestique contrebalançait celle de Diane.

— Ce monsieur est un monsieur joliment comme il faut ! — répondit Jean, — Quand je lui ai remis la lettre de monsieur le vicomte il m'a fait cadeau d'un double louis de quarante francs...

— Rien ne m'étonne de sa part... — Je vous recommande de lui témoigner les plus grands égards...

— Monsieur le vicomte peut être tranquille.

— Vous l'appellerez, monsieur le baron...

— Oui, monsieur le vicomte.

— Pendant le dîner, je vous attache spécialement à son service... — Vous vous tiendrez constamment derrière sa chaise et vous lui verserez les meilleurs vins...

— Monsieur le vicomte peut compter que les verres de monsieur le baron ne resteront jamais vides...

— A merveille... — Si par hasard M. de Polart passait la nuit au château, il vous faudrait veiller à ce qu'un appartement fût tout préparé... Vous lui donneriez celui de l'aile gauche... la chambre et le salon tendu de toile perse... — vous savez ce que je veux dire ?

— Parfaitement, monsieur le vicomte.

— Vous connaissez déjà la générosité de mon ami... — vous en avez reçu des preuves... — Je n'ai pas besoin d'ajouter que cette générosité ne se démentira pas... — Tenez, Jean, voici un louis que je joins à ce que vous avez reçu hier de M. de Polart...

Le valet se confondit en remerciements et quitta la salle à manger.

Gontran jeta les yeux sur la magnifique pendule de Boule qui formait l'ornement de l'un des panneaux.

Elle marquait cinq heures et demie.

— Allons, — se dit le jeune homme, — il est temps d'aller au-devant du baron...

XXII

L'Odyssée d'un haut baron.

Peut-être le moment est-il venu d'apprendre à nos lecteurs, en un très-petit nombre de pages, ce qu'était au juste l'habile et dangereux personnage dont Gontran de Presles subissait si complètement la domination.

Le très-haut et très-illustre Achille-Timoléon, baron de Polart, était né vers 1805, à Paris.

Son père, — un honorable portier de la rue Vieille-du-Temple, s'appelait Poulart. — Cet honnête homme employait d'une façon toute philantropique et pour le bien-être de ses semblables les nombreux loisirs que lui laissaient les soins de la loge et du cordon.

Il remettait, avec une conscience digne de la plus grande admiration, des coudes aux manches fatiguées par un long usage, et des fonds aux antiques culottes que des frottements réitérés avaient réduites partiellement à l'état de guipure.

On ne pouvait pas dire de lui tout à fait :

« Dans ses heureuses mains le cuivre devient or !... »

Mais on avait le droit de s'écrier, en faisant une légère modification au vers célèbre que nous venons de citer :

« Dans ses habiles mains le vieux drap devient neuf ! »

En échange de ces travaux non moins utiles que modestes, Poulart se contentait de la plus modeste rémunération.

Ce portier vivait heureux dans sa loge de la rue Vieille-du-Temple, en compagnie d'une épouse non moins laide que recommandable par ses vertus privées et par ses talents culinaires. — Personne dans le quartier ne pouvait rivaliser avec Eudoxie Poulart pour la confection de la soupe aux choux et aux cervelas, pour le fini du miroton, et pour le moelleux de la gibelotte de lapin aux petits oignons.

Ce couple modèle n'avait qu'une ambition, — se voir revivre dans une progéniture faite à son image.

Après une longue attente, ce vœu si légitime fut enfin

aucé. — Eudoxie sentit palpiter dans ses flancs émus le [...] des caresses conjugales. — Un enfant du sexe masculin [vin]t au monde.

Poulart, qui, s'il n'eût été portier, aurait été soldat, et qui, [to]ut en maniant son aiguille avec dextérité, faisait volontiers [de]s rêves belliqueux, donna à son rejeton les noms héroïques [d'A]chille et de *Timoléon*, et, plein d'ambition pour son fils, ré[so]lut d'en faire par la suite quelque chose d'extrêmement dis[ting]ué! soit un capitaine de cavalerie, soit un avocat, soit un [doc]teur, soit un épicier demi-gros.

Entre ces quatre professions également séduisantes, l'esprit [du] portier flottait indécis.

Le brave homme, sachant d'ailleurs qu'une brillante éduca[ti]on conduit à tout, envoya Timoléon-Achille à l'école mu[ni]cipale, aussitôt qu'il eut atteint sa cinquième année.

Triomphe bien flatteur pour le cœur d'un bon père!! — [L']enfant fit preuve des plus incomparables dispositions!

A l'âge de huit ans le jeune Poulart savait lire et écrire, à [s]ix ans il connaissait sur le bout du doigt les quatre règles.

Hâtons-nous d'ajouter que sa plus vive sympathie se con[ce]ntrait sur l'une d'elles, LA SOUSTRACTION.

Cette sympathie, Timoléon-Achille devait la conserver [c]haude et fervente pendant tout le reste de sa vie.

Dans l'une des maisons voisines de celle dont les époux [P]oulart gouvernaient la loge, existait un magasin d'épicerie.

Le propriétaire de ce magasin, séduit par l'air de vivacité [e]t d'intelligence de Timoléon-Achille, offrit de le prendre [ch]ez lui et de le former au commerce.

Le père n'eut garde de refuser cette proposition qui réali[sa]it une de ses quatre plus chères espérances.

L'enfant, alors âgé de douze ans, revêtit le tablier bleu à [b]avette et collabora activement, mais sans enthousiasme, à la [ve]nte de la chandelle, du savon de ménage, de la [m]élasse et des pruneaux.

Hâtons-nous d'ajouter, pour rester dans le vrai, qu'il appré[ci]ait vivement ces deux derniers articles, mais seulement [com]me consommateur, — qu'il se livrait dans le mystère [d'u]n huis-clos nocturne à de véritables orgies de denrées co[lo]niales, et qu'en fouillant la paillasse sur laquelle il couchait [d]ans une soupente, on n'eût point manqué d'y trouver quel[q]ues bouteilles entamées de cassis, d'anisette et de vespétro.

Tant va la cruche à l'eau qu'à la fin elle se brise!

Un jour arriva où l'épicier s'aperçut que Timoléon-Achille [fai]sait dans son magasin plus de dégât que toute une légion [d]e rats de bonne taille et de grand appétit.

Il prit par l'oreille le commerçant futur et le ramena chez [l]e portier-tailleur en disant :

— Je vous rends votre polisson de fils ; — si je le gardais [en]core un an je serais ruiné!.. — méfiez-vous de lui! — il [ai]me trop la mélasse, les pruneaux et le ratafia!... il tournera [m]al!!

Eudoxie pleura.
Poulart s'emporta.
Timoléon-Achille fut battu.

Deux jours après, le portier-tailleur avait pardonné... — [que] voulez-vous! un père est toujours père!... — il se mit [e]n quête d'une nouvelle place, et le trop fervent dégustateur [de] denrées coloniales fut admis chez un droguiste de la rue [d]e la Verrerie.

Les choses allèrent bien pendant quelque temps, puis l'en[f]ant se métamorphosa peu à peu en adolescent, c'est-à-dire [qu]'il atteignit sa seizième année ; — il avait alors la force et [l]a taille d'un jeune homme de dix-huit ou vingt ans.

Alors commencèrent à s'éveiller en lui des instincts nou[v]eaux, des passions encore inconnues et d'une remarquable [é]nergie.

De même que Timoléon-Achille avait cédé sans conteste et [s]ans résistance à sa gourmandise enfantine, il sacrifia tout à [s]es nouveaux désirs.

Les jolies filles et les compagnons de plaisir remplacèrent [a]vec infiniment d'avantage la mélasse et les pruneaux.

Le jeune Poulart n'avait pas d'argent pour subvenir aux [d]épenses de la vie joyeuse qu'il menait aussitôt que le travail [d]e ses journées était accompli.

Il ne trouva rien de plus simple que d'en *emprunter* à la caisse du droguiste. — emprunt d'autant plus facile qu'en l'absence du maître Timoléon-Achille étant chargé de la vente avait la recette du jour à sa disposition.

Les premiers *emprunts* furent modestes.

Le commis infidèle prélevait de temps à autre quelque menue monnaie, — rarement s'élevait-il jusqu'à la pièce de cent sous.

Peu à peu cette modération lui parut à lui-même ridicule et mesquine. — Les rapines devinrent plus fréquentes et leur chiffre s'arrondit.

Cependant le droguiste, plein de confiance dans les bons sentiments de son employé, ne soupçonnait rien encore, — il ne s'étonnait même point des petits déficits qu'il lui semblait remarquer dans sa caisse.

— Je me serai trompé! — se disait-il.

Et il ne s'en préoccupait pas autrement.

Mais de même que, selon le proverbe, les ivrognes s'altèrent en buvant, de même les apprentis filous, grisés par le succès de leurs premiers vols, deviennent insatiables et ne tardent guère à oublier toute prudence.

Timoléon-Achille, chargé de divers recouvrements par son patron, trouva fort ingénieux de s'approprier le montant de quelques-unes des factures.

Il mit l'argent dans sa poche et prétendit que les débiteurs n'avaient pas payé et qu'ils avaient gardé les factures en en déchirant l'acquit.

Les choses marchèrent ainsi pendant un certain nombre de mois, les détournements grossissant de plus en plus et les sommes dérobées faisant littéralement la boule de neige, puis, un beau jour, une circonstance fortuite et que le hasard seul avait retardée, c'est-à-dire l'entrevue et l'explication du droguiste avec l'un de ses clients dont il se croyait le créancier, vint mettre le négociant sur la voie de la funeste vérité.

Une fois la mèche allumée, la mine éclata.

L'explosion fut terrible.

Le droguiste, dans le premier feu de sa colère ne parlait de rien moins que de livrer à la justice Timoléon-Achille et de l'expédier bel et bien en cour d'assises pour abus de confiance et vols qualifiés.

Mais le fils du portier-tailleur était déjà un comédien consommé.

Il se jeta à genoux en versant des torrents de larmes, — il eut des paroles éloquentes, il trouva des supplications irrésistibles, — il parla de sa jeunesse, — des entraînements auxquels il avait cédé, — de ses remords, — de ses bonnes résolutions pour l'avenir.

Bref, le droguiste, — un brave homme! — se laissa toucher et il consentit, sinon à garder son commis, du moins à ne pas le faire arrêter.

Après avoir établi un relevé approximatif des sommes dérobées par Timoléon-Achille, il ramena ce dernier chez son père, en le tenant non par l'oreille mais par le collet.

— Votre garnement de fils, — dit-il au portier-tailleur, — est un filou qui m'a volé plus de huit cents francs... — J'aurais dû le conduire au poste, mais j'ai eu pitié de vous qui êtes d'honnêtes gens, — Je vous le rends... faites-en ce que vous voudrez... — seulement, si vous lui trouvez une place, n'envoyez pas prendre de renseignements chez moi...

Et il s'en alla.

La mère se jeta à genoux dans un coin de la loge, les bras en croix, et sanglotant comme une Madeleine.

Le père, un instant atterré, s'élança sur un balai et le brandit avec un geste menaçant.

Timoléon-Achille prit une pose défensive et s'écria d'un air quelque peu goguenard :

— Bas les pattes et les balais, s'il vous plaît!... je ne veux pas être battu, entendez-vous ça, papa!!

— Malheureux!.. tu déshonores mon nom!!

— Votre nom de Poulart!... — avec ça qu'il est joli, ce nom là, papa!!... — à votre place je n'y tiendrais guère!...

— Misérable! comment finiras-tu?...

— Je n'en sais rien, papa, ni vous non plus...

— Tu monteras sur l'échafaud !!

— C'est une manière comme une autre de terminer ses jours dans une position élevée...

— Tu nous feras mourir de chagrin, ta mère et moi !!...

— Laissez-moi donc tranquille, papa ! le chagrin et la soupe aux choux, ça engraisse...

— Partout tu te conduis comme un bandit !... on te chasse de partout !!...

— Pour ça, papa, ce n'est pas ma faute !

— C'est peut-être la mienne ?...

— Ma foi, je ne dirais pas non ! — il fallait me procréer avec six mille francs de rentes... — C'était ma vocation...

— Que vas-tu devenir ?

— Ce qu'il plaira au diable.

— Je ne puis te garder à ma charge sans rien faire.

— Oh ! je n'y tiens point, papa... — je m'ennuierais trop chez vous.

— Comment comptes-tu vivre, malheureux enfant ?

— Ma parole d'honneur, je n'ai pas encore de projets...

— Jure-moi de te corriger et j'essayerai de t'apprendre mon état.

— Votre état de tailleur en vieux ?... En voilà une occasion soignée ! — merci, papa... — C'est pas dans mes goûts ! — le fond de culotte m'est inférieur ! — J'aime mieux autre chose... — une profession plus distinguée...

— Mais, laquelle ?... laquelle ?... on dirait que tu as le choix?...

— Un peu, que j'ai !... — j'hésite entre les carrières les plus comme il faut... — je puis être ramasseur de bouts de cigares, — ouvreur de portières, — marchand de programmes.., — préposé aux trognons de pommes aux Funambules ou au Lazary... — Qu'est-ce que vous dites de ça, papa?...

— Je dis que tu es un brigand et que je te chasse !...

— C'est bon ! — ne vous faites pas de bile, — on s'en va...

— Je dis, — poursuivit le tailleur avec une exaspération croissante, — que je te donne ma malédiction !...

— Plus que ça de monnaie! — fit Timoléon-Achille en ricanant, — savez-vous que vous êtes généreux ce soir !... mais si ça vous gênait le moins du monde, faudrait pas vous en démunir... — à moins que vous n'ayez dans un vieux bas des malédictions de rechange...

Le portier, au comble de la fureur, saisit les grands ciseaux qui lui servaient à couper son drap et s'élança sur son fils.

La malheureuse Eudoxie se jeta entre eux.

Le jeune homme n'avait pas reculé d'un pas.

— Va-t'en !... va-t'en ! lui cria son père, — va-t'en, je te tuerais !...

— Ah ! fichtre, je le vois bien, aussi je file, afin de vous épargner le désagrément de la cour d'assises... — Dites donc, papa, auriez-vous sur vous cent sous à me donner, par hasard ?... — les petits présents font les bons parents..

Le portier fouilla dans sa poche... — il en tira une pièce de cinq francs qu'il jeta à son fils, en répétant :

— Pars ! et que je ne te revoie jamais !...

Timoléon-Achille avait attrapé la pièce au vol.

Il pirouetta sur ses talons, et il disparut, après avoir répondu :

— Merci, papa, et soyez tranquille... — je vais faire le tour du monde et vous n'entendrez plus jamais parler de moi... — bonsoir la compagnie !... — mes compliments au propriétaire !...

Quoique le baron de Polart soit destiné à jouer un rôle d'une importance capitale dans le dénouement de la longue histoire que nous racontons, il nous est interdit de nous étendre, ainsi qu'en d'autres circonstances nous aurions aimé à le faire, sur les débuts dans la vie de ce grand homme, curieux spécimen des individus les mieux réussis d'une nombreuse famille dont, par malheur, on rencontre des membres à chaque pas que l'on fait à travers le monde.

Nous ne pouvons qu'indiquer en quelques lignes les principales stations de l'adroit coquin, dans sa carrière aventureuse.

Paris recèle, dans ses bas-fonds fangeux, un nombre considérable d'adolescents qui, chassés et abandonnés par leurs familles, pour cause de vices précoces et de mauvais instincts indomptables, se trouvent dans une position absolument semblable à celle de Timoléon-Achille, au moment où il quittait la loge paternelle avec cinq francs dans sa poche.

Presque tous suivent, étape par étape, ce fatal chemin qui conduit au bagne en passant par les diverses chambres de la police correctionnelle.

La plupart, dans leur existence obscure et criminelle tout à la fois, restent de vulgaires scélérats, se donnant cent fois plus de peine pour vivre dans une abjecte misère, qu'il n'en aurait fallu pour conquérir par le travail une honorable aisance.

Selon toute apparence, Timoléon-Achille devait agir et finir comme eux, et ne se jamais élever au-dessus de la tourbe infâme dans laquelle il entrait résolument.

Il n'en fut pas ainsi.

Le fils du portier de la rue Vieille-du-Temple, doué d'une beauté physique très-réelle quoique un peu commune, avait en outre une remarquable intelligence, et l'esprit, peut-être même devrions-nous dire : le génie de l'intrigue.

Après avoir croupi pendant quelques mois parmi les industriels ténébreux dont nous l'avons entendu parler lui-même, ramasseurs de bouts de cigares, marchands de contremarques, etc... il sentit s'éveiller en lui-même une ambition effrénée, développée par la lecture assidue de la *Gazette des Tribunaux* et des autres journaux judiciaires qu'il dévorait dans un estaminet borgne où ils arrivaient de dixième main.

Lorsque Timoléon-Achille parcourait le récit de ces grandioses escroqueries qui ressemblent à des chapitres inédits de *Gil-Blas*, quand il lisait l'histoire de ces prodigieux gredins qui, grâce à un nom de fantaisie habilement choisi, — à un titre ronflant, — à une brochette de décorations étrangères et à un aplomb de premier ordre, avaient trouvé moyen de mener pendant plusieurs années une existence presque princière, entourés d'un peuple de courtisans et de tous les raffinements du luxe, éblouissant le vulgaire imbécile et se faisant saluer bien bas par les dupes, il sentait son cœur battre, — ses yeux devenaient brillants, — une émulation enthousiaste s'emparait de lui, — il se frappait le front avec le geste de Chénier mourant, et il murmurait :

— Moi aussi, je sens là quelque chose !...

Mais, pour s'élever dans les hautes régions de la filouterie productive, il lui manquait un point de départ.

N'est pas escroc qui veut, — surtout avec une casquette huileuse sur la tête, — une blouse trouée sur les épaules, et les pieds dans des souliers percés...

Le hasard vint en aide au jeune homme.

Conduit au poste pour avoir consommé dans une *gargotte* de la barrière du Trône un dîner de trente sous qu'il ne pouvait pas payer, Timoléon-Achille fut condamné par la septième chambre à huit jours de prison.

Sous les verrous de la geôle il fit la connaissance de l'un de ces hommes qui s'intitulent *agents d'affaires* et dont l'existence ténébreuse aurait fourni à Balzac le sujet d'un livre magnifique.

Cet agent d'affaires s'occupait de toutes les opérations douteuses, sinon tout à fait criminelles, qui sont la spécialité de ces messieurs et dont le détail serait trop long.

Disons seulement, — et ceci suffira pour faire comprendre le reste, — qu'il servait d'intermédiaire dans des opérations d'escompte où l'intérêt usuraire dépassait le taux de quatre cent pour cent, — qu'il prêtait, ou plutôt qu'il vendait sa signature pour endosser les billets de complaisance des commerçants en déconfiture, courant bride abattue vers la banqueroute, et qu'enfin (en sa qualité d'*homme de loi*), il donnait des consultations à tous ceux qui réclamaient de son expérience les moyens de ne pas sortir outre mesure de la stricte légalité, tout en commettant d'abominables gredineries.

J'en passe... et des plus fortes !...

La bonne mine que Timoléon-Achille conservait, même sous les haillons sordides dont il était couvert, et que rendait plus remarquable le voisinage des gibiers de prison qui l'entouraient, fit la conquête de l'homme d'affaires.

Il causa longuement avec son compagnon de captivité... il constata chez lui de l'intelligence et un ardent désir d'arriver.

— Les aspirations ambitieuses de Timoléon-Achille étaient de celles que l'homme d'affaires devait comprendre mieux que personne.

Savez-vous lire? — demanda-t-il au jeune prisonnier.
Lire, écrire et compter, — et j'ai même une très-belle [é]ture...
Quel est votre âge?
Dix-huit ans.
Votre famille?
Absente pour congé définitif... — je n'ai plus un seul [pa]rent en ce monde...

Le jeune homme mentait avec connaissance de cause, [a]yant ce mensonge utile à ses intérêts.

Seriez-vous disposé à accepter une bonne place?...
— Cela dépend...
— De quoi?
— De la bonté plus ou moins grande de la place qu'on offrirait...
— Que désireriez-vous?..
— Peu de chose à faire et beaucoup à gagner...
— Diable!... je vois que vous êtes dans les vrais principes, [mo]n jeune ami!...
— Oh! je n'ai pas tout dit....
— Qu'y a-t-il encore?...
— Il faudrait que l'on me proposât un emploi distingué et mettant en rapport avec *le beau monde* pour lequel je me [s]uis toujours senti du goût.... — je tiendrais à être habillé [co]mme un *muscadin*, comme un *mirliflor*, attendu que j'ai bien [as]sez et même beaucoup trop traîné la savate et la guenille [su]r les pavés de Paris... — je voudrais en outre être traité [co]mme un égal et pas du tout comme un subalterne par ce[lui] qui m'employerait...

— Savez-vous que vous faites joliment votre lit, vous, mon [ga]illard! — s'écria l'homme d'affaires avec une sorte d'admi[rat]ion.
— Dam! je n'ai pas oublié le proverbe : — *Comme on fait [son] lit on se couche!* J'aime beaucoup à être bien couché!...
— Et vous avez raison! — Décidément, vous me plaisez [tou]t, et vous êtes un garçon d'avenir...
— C'est aussi mon idée, mon cher monsieur.
— Bref, je tiens à votre disposition une place parfaitement [con]forme à votre programme...
— Parlez-vous sérieusement?
— Je ne plaisante jamais.
— Quelles seraient mes occupations?
— Oh! mon Dieu, presque rien à faire... — des écritures [à m]ettre au net pendant une heure ou deux, tout au plus... — [de] temps en temps quelques signatures à apposer au dos [d'u]ne feuille de papier timbré... — le reste du temps, liberté [com]plète, avec la consigne de fréquenter les cafés et les es[tam]inets...

— Jusqu'ici, tout ça me va parfaitement... — Reste la ques[tion] des appointements... — que me donnerait-on?...
— Pour commencer, cent vingt francs par mois...

[T]imoléon-Achille crut voir s'ouvrir devant lui ces palais [en]chantés des Mille et une Nuits, dans lesquels des génies et [des] monstres fantastiques entassent d'incalculables amas de [ri]chesses.

Cent vingt francs par mois!
Quatre francs par jour!...
Pour le fils du portier-tailleur, c'était un affluent du Pac[tol]e, — c'était une tranche du Pérou!...
Cependant, tout jeune et tout inexpérimenté qu'il fût, Ti[m]oléon-Achille possédait déjà le grand art de ne point paraî[tre] ébloui.
— Je me contenterais de cela, en attendant mieux, — fit-il [d']un air dégagé; — mais vous ne m'avez rien dit des vête[m]ents, et vous savez que je tiens à l'élégance...
— On mettra à votre disposition, — dès le jour de votre [e]ntrée en fonctions, deux habillements complets que vous [s]erez le maître d'aller choisir vous-même au Palais-Royal... — [C]hapeaux, linge et chaussures vous seront également fournis; — [v]ous aurez, en outre, le logement pour rien, ce qui n'est [p]as un mince avantage... — Voyons, est-ce une affaire con[c]lue?
— Je ne dis pas non, mais il faut savoir si la personne pour [q]ui vous traitez ratifiera tout ce que vous promettez en son [n]om...
— Ne vous inquiétez point de cela... — répliqua l'homme [d']affaires avec un sourire.
— Cependant...
— La personne pour qui je traite n'est autre que votre ser[v]iteur ici présent...
— Vous, monsieur! — s'écria le jeune homme.
— Moi-même. — On croirait que cela vous étonne!

Timoléon-Achille jetait en effet sur son interlocuteur des regards qui peignaient la plus profonde surprise et le désappointement le plus vif.

Le baron futur se croyait victime de la mystification d'un mauvais plaisant; et sans doute il avait le droit de le croire, car l'homme d'affaires ne payait point de mine tant s'en faut, et son costume, plus que simple et dans un état assez médiocre de conservation, était loin d'annoncer chez celui qui le portait la possibilité de tenir tous les engagements qu'il venait de prendre.

Les différentes idées que nous venons d'exprimer se peignirent de la façon la plus claire sur le visage du jeune homme, et son interlocuteur put facilement les y lire d'un seul regard.

— Quand vous aurez un peu vécu dans le monde, mon garçon, — dit-il, — et que vous aurez fréquenté la *bonne compagnie*, vous saurez qu'en jugeant les gens sur l'apparence on risque de se tromper neuf fois sur dix... — Vous me voyez mal habillé, et vous en concluez aussitôt que je me moque de vous depuis un quart d'heure... — Ce raisonnement pèche par la base. — Est-ce que vous croyez qu'un homme économe met sur son dos ses meilleurs vêtements pour aller en prison?... — D'ailleurs la plume ne fait pas l'oiseau. — Je pourrais vous citer des millionnaires à qui vous auriez envie de donner un sou dans la rue...

Timoléon baissait la tête d'un air confus.
L'homme d'affaires reprit :
— Mais ne parlons plus de cela. — Je vais vous convaincre que vous me jugiez mal... — Quel jour sortirez-vous d'ici?
— Après-demain soir, mes huit jours expirent.
— Moi, j'aurai fini ce soir ma quinzaine... — Voici mon adresse. — En quittant la geôle, venez me trouver. — Voici trois louis que je vous remets à titre d'à-compte sur les émoluments de votre premier mois... — Vous voyez que, malgré la défiance que je vous inspire, j'ai la plus grande confiance en vous...

Tout en parlant ainsi, l'homme d'affaires avait glissé dans la main de son compagnon, — mystérieusement et de façon à n'être pas vu des autres prisonniers, — trois pièces d'or et une carte.

Timoléon-Achille jeta les yeux sur cette carte et y lut ces mots, imprimés en italiques :

« Jean-Louis Bonissens,

« Homme de loi, — ancien huissier.

« *Recouvrements de créances. — Avances de fonds sur les succes-*
« *sions non ouvertes. — Affaires litigieuses. — Rédactions d'actes*
« *de toutes sortes. — Consultations judiciaires.*
« *Tous les jours, de dix heures à cinq heures, rue*
Saint-Honoré, « n° 280. »

Quelques heures après l'entretien que nous venons de placer sous les yeux de nos lecteurs, Jean-Louis Bonissens était mis en liberté.

Le surlendemain, Timoléon-Achille, libre à son tour, arrivait chez l'homme de loi qui le recevait à bras ouverts et le conduisait, séance tenante, dans l'un des principaux magasins de confection du Palais-Royal, où, pour la première fois de sa vie, le fils du portier-tailleur pouvait donner carrière au goût éclairé qui l'entraînait vers les vêtements de couleurs voyantes et les cravates tapageuses.

Lorsque le jeune homme fut habillé des pieds à la tête, selon la formule des élégants d'estaminet ; lorsqu'il se contempla dans une haute glace avec son habit bleu à boutons d'or, — sa cravate verte, — son gilet jaune, — son pantalon écossais à larges carreaux et ses bottes fines, il éprouva pour sa propre personne un profond sentiment de respectueuse admiration ; et véritablement il avait l'air d'un commis voyageur en grande tenue qui se dispose à mener la grisette de son cœur manger une friture à la Rapée.

— Vous voilà plus éblouissant que le soleil! — lui dit Jean-Louis Bonissens avec une entière conviction, — et je crois que vous me ferez honneur.

Timoléon Achille le croyait aussi, et de bien bonne foi, je vous le jure !...

Dès le lendemain il entra en fonctions, ainsi qu'il en avait été prévenu, fonctions qui se bornèrent à mettre au net pendant une heure ou deux chaque jour les livres du maître, à endosser, du beau nom de Poulart, des billets de complaisance, et à jouer au billard en culottant des pipes et en dégustant des chopes lyonnaises ou strasbourgeoises dans les cafés de douzième ordre.

En moins de trois mois, Timoléon-Achille était de première force au carambolage et au doublé; — il aurait pu lutter sans désavantage contre les professeurs émérites dont la réputation exerce sur les badauds, chaque soir, une attraction aussi réelle que celle d'un acteur *en vedette* sur l'affiche de nos théâtres : — *great attraction* ! comme disent nos bons amis les Anglais.

Sans doute, jusqu'à présent, nos lecteurs ne se rendent point parfaitement compte de la spéculation de Jean-Louis Bonissens, et ils ne comprennent guère quel avantage avait trouvé ce dernier à s'attacher Timoléon-Achille.

L'homme de loi, croyez-le bien, n'avait rien fait qu'à bon escient.

Deux des principales cordes de son arc, nous le savons, étaient les signatures apposées par lui sur ces effets de commerce qui n'ont qu'une valeur apparente, et qu'on appelle *billets de circulation*, — et les opérations d'usure dans lesquelles il intervenait comme intermédiaire, et parfois comme homme de paille, lorsque le véritable prêteur tenait à rester inconnu.

Beaucoup de gens, étrangers aux affaires et surtout aux affaires louches et véreuses, ignorent qu'un billet souscrit et endossé par des gens sans surface et sans garanties prend un air de sincérité lorsqu'il est couvert de nombreuses signatures, et trouve alors des nigauds qui l'escomptent ou de naïfs industriels qui l'acceptent en payement.

Jean-Louis Bonissens palpait dix francs par chaque signature qu'il donnait, et dix autres francs s'il en fournissait une seconde.

Chaque mois, en moyenne, il enrichissait d'une vingtaine de traites de la griffe et du paraphe de Timoléon-Achille Poulart, — c'étaient donc deux cents francs tombant dans sa caisse par le fait du jeune homme qui se trouvait ainsi, non-seulement ne plus rien coûter, mais encore constituer à son patron un léger bénéfice.

Mais ceci n'était rien, et c'est ailleurs qu'il fallait chercher la véritable et réelle utilité du futur baron.

Le droit de commission que touchait l'homme de loi sur chaque affaire d'usure qu'il faisait conclure, était énorme et tout à fait invraisemblable.

Le prêteur et l'emprunteur payaient, chacun de leur côté, à l'intermédiaire, le premier cinq ou six et le second quinze ou vingt pour cent.

Bonissens avait donc un intérêt colossal à multiplier les affaires et à se créer une nombreuse clientèle.

Tout le monde sait quelles sont dans les chasses seigneuriales ou princières les fonctions des *rabatteurs*.

Ces derniers font lever le gibier et le forcent à se diriger dans sa fuite du côté des tireurs qui l'abattent le plus facilement du monde.

Bonissens avait dressé Timoléon-Achille à jouer à son profit le rôle de rabatteur dans la chasse aux pigeons dont lui-même était le grand veneur.

Le jeune homme, toujours vêtu avec cette élégance excentrique qui lui plaisait si fort, — le gousset bien garni, — le chapeau de feutre à longs poils incliné sur l'oreille droite, — fréquentait les estaminets et se liait facilement avec une foule de mauvais sujets adolescents, fils pour la plupart de négociants honorables dans une excellente position de fortune.

Entre compagnons de plaisir la confiance la plus complète ne se fait guère attendre.

Les jeunes gens, mis par leur brillant camarade sur la voie des confidences, ne manquaient jamais de se plaindre de leur famille qui les laissait manquer d'argent.

— De l'argent ? — s'écriait le rabatteur, — comment, les eaux sont basses et vous ne le disiez pas !... — En voulez-vous, de l'argent ?...

— Est-ce que vous pouvez nous en donner ?...

— Pas précisément, mais c'est tout comme, car je puis vous en faire avoir...

— Comment ?... par qui ?...

— Je connais un brave homme qui trouve un vif plaisir à venir en aide aux fils de famille dans l'embarras... — il prête à d'excellentes conditions et ne tracasse jamais ses débiteurs ! en un mot, c'est un père plutôt qu'un créancier !... — voulez-vous que je lui parle de vous ?...

— Oui, certes ! ne manquait-on jamais de répondre.

— Il vous donnera tout ce que vous lui demanderez, — de l'argent pour vous, — des chaînes d'or, des bracelets et des robes de soie pour vos maîtresses, — et des paniers de vin de Champagne, — et des fusils de chasse, enfin tout ce qu'un joyeux vivant peut désirer... — Peut-être tiendra-t-il à me faire endosser vos billets, car il me connaît depuis longtemps et il sait que j'ai toujours exactement payé les miens, mais j'ai confiance en vous et je ferai cela bien volontiers pour vou être agréable ..

On se confondait en remerciements, — on serrait les main de Timoléon-Achille, le plus précieux et le plus dévoué de amis, — et l'on courait chez Jean-Louis Bonissens.

Ce dernier, — après avoir pris ses renseignements, — fai sait prêter au taux que nous savons, — il touchait sa commis sion et il s'applaudissait fort d'avoir su dénicher un rabatteu aussi parfaitement habile que Timoléon-Achille Poulart.

Ou nous n'avons su donner qu'une idée bien complètemen fausse du caractère de Timoléon-Achille, ou nos lecteurs on déjà compris que le jeune rabatteur n'était pas homme à tra vailler longtemps pour le compte d'autrui.

Nous connaissons déjà les rêves ambitieux du personnag que nous mettons en scène.

Il lui répugnait de *carotter* (qu'on nous passe cette vilain expression que nous ne saurions remplacer par aucun équiva lent), — il voulait pêcher en eau trouble, — tailler en plei drap, — devenir riche et considéré.

Par une bizarre exception dans les habitudes et dans l instincts des escrocs de profession et des chevaliers d'indus trie de haut et de bas étage, Timoléon-Achille ne se sentai nullement disposé à la prodigalité et au gaspillage.

Il admettait bien, en certaines circonstances, qu'il fallai jeter l'argent par les fenêtres, mais à la condition que cet ar gent rentrerait par la porte avec une notable augmentation.

Pour réaliser ses visions dorées et ses audacieuses espéran ces, il était indispensable que le jeune homme *s'établit* et fi des *affaires* pour son propre compte.

Timoléon-Achille ne négligea rien afin de se procurer le fonds nécessaires à un premier établissement.

Sa merveilleuse adresse au billard lui fut d'un grand se cours et lui permit de mettre chaque jour dans sa poche un somme assez ronde.

A cette première industrie il en joignit une seconde, celle des cartes biseautées.

Ses nombreuses relations avec les jeunes dissipateurs qu'i jetait aux griffes de Jean-Louis Bonissens et de ses bailleur d'argent, lui avaient facilité l'accès de tout un monde de fille à peu près entretenues, appartenant aux étages inférieurs d la bohême galante.

Un certain nombre de ces demoiselles faisaient de leur in térieur tout à la fois un boudoir et un tripot.

Chez elles les jeux de l'amour et les jeux de hasard se suc cédaient, et l'on était volé aux uns comme aux autres.

Timoléon-Achille devint rapidement passé maître dans l grand art de *faire sauter la coupe* ou d'introduire une porté clandestine au milieu de cartes innocentes.

Il eut le talent bien rare de savoir perdre à propos, de fa çon, non-seulement à ne jamais éveiller le moindre soupçon mais encore à contraindre ses propres victimes à constater s mauvaise chance.

Il se fit la réputation d'un beau joueur, toujours sourian malgré la déveine, et il réalisa de gros bénéfices.

A peine se trouva-t-il à la tête d'une somme assez de rond dix mille francs qu'il engagea Jean-Louis Bonissens à se pour voir d'un autre conducteur.

— Mon cher garçon, — lui répondit l'homme de loi, — j vous regrette fort, mais tout en vous regrettant, je vous pré dis de brillantes destinées...

— J'en accepte l'augure...

— Qu'allez-vous faire maintenant ?...

— Le commerce.

— Bravo !... — c'est dans le commerce qu'il est le plus fa cile d'être habile sans grand danger... — si jamais vous vou trouvez dans une position embarrassante, venez me voir... si vous avez besoin de quelque bon conseil, je vous le donne rai... et je ne vous le ferai pas payer...

— Merci, cher patron, et au revoir...

Le plan de Timoléon-Achille était arrêté d'avance.

Il loua, dans le passage Saulnier, un petit appartement à rez-de-chaussée, — il fit clouer sur la porte une belle plaqu de cuivre portant ces mots :

COMMISSION-EXPORTATION.

Il eut des lettres avec *en-têtes* imprimés, des factures, de livres de commerce, une caisse, etc...

Il compulsa l'almanach des vingt-cinq mille adresses, — i expédia d'innombrables circulaires à tous les notables fabri cants et commerçants de Paris et de la province, — il pri deux ou trois commis et sa maison naissante eut toutes l apparences d'un établissement sérieux et loyal.

Vous souvient-il, chers lecteurs, de ce baron de Nucingen, l'un des types les plus merveilleux et les plus complets photographiés par l'immortel Balzac dans sa Comédie humaine?

Au baron de Nucingen tout réussissait, en quelque sorte malgré lui-même, — s'il fondait une entreprise industrielle avec la ferme résolution de *flouer* ses actionnaires, l'entreprise arrivait à bien, comme par enchantement, malgré les chances les plus défavorables, — et les actionnaires s'enrichissaient au lieu de se ruiner.

Il en fut à peu près de même pour Timoléon-Achille.

Ses affaires à peine commencées devinrent florissantes. — L'argent et les marchandises affluaient chez lui, — des offres de crédit lui arrivaient de toutes parts.

Bref, avec ses aptitudes commerciales très-développées et son activité infatigable, le jeune homme était en voie de conquérir en quelques années une fortune honorable et confortable.

Mais ce terme de quelques années semblait trop long à notre héros, et d'ailleurs il était du nombre de ceux à qui le bien mal acquis semble plus précieux cent fois que le bien honnêtement gagné.

Ceci nous explique comment Timoléon-Achille, après deux ans consacrés à se créer un crédit considérable soutenu par une excellente réputation, partit un beau soir pour l'étranger, emportant une somme de cinquante mille écus, réalisés à l'aide d'escomptes importants et de la vente au comptant de la plus grande partie des marchandises achetées à terme.

Cette fugue produisit un certain bruit dans le monde industriel, et des poursuites furent commencées immédiatement contre le banqueroutier.

De Bruxelles, où il s'arrêta pour reprendre haleine, Timoléon-Achille envoya de l'argent et des instructions à Jean-Louis Bonissens.

Ce dernier manœuvra avec une habileté digne des plus grands éloges, le syndic de la faillite fut circonvenu, on dit même qu'il fut acheté, et grâce à son rapport presque bienveillant, le fugitif ne fut condamné, par défaut, qu'à deux ans de prison.

On ne pouvait véritablement en être quitte à meilleur marché!...

A peine avait-il franchi la frontière, que Timoléon-Achille se préoccupa de faire une brillante figure à l'étranger.

Le modeste nom de *Poulart*, héritage unique de son père, lui déplaisait à ravir, — il s'agissait de le changer au plus vite.

Mais quel autre nom choisir à la place de celui-là?

Le jeune homme réfléchit longuement.

— Victoire! — s'écria-t-il tout à coup avec un accent de triomphe, — je le tiens! — Avec une lettre en moins et une particule en plus, je vais me trouver à la tête de l'appellation la plus aristocratique qu'il soit possible d'imaginer!...

« Oui... oui... c'est cela!... c'est bien cela!... — *Poulart* était ignoble!... — *de Polart* sera chevaleresque!...

« Décidément me voilà fixé.

« Voyons donc un peu... — si, pendant que je suis en train, j'ajoutais un titre à ce joli nom? — Comte de Polart? — baron de Polart?... — *baron* me plaît et je m'y tiens... — je supprime *Timoléon* qui est prétentieux, je conserve *Achille* et je m'appelle désormais le baron Achille de Polart.. »

Et c'est ainsi qu'un nouveau gentilhomme entra, de son autorité privée, dans la grande caste aristocratique.

Le baron de Polart — (il nous est infiniment commode de le désigner désormais ainsi) — passa dix ans loin du pays natal, qu'il ne regrettait d'ailleurs que médiocrement.

Ses démêlés avec la justice et sa condamnation à deux années de prison lui faisaient un impérieux devoir de ce long exil.

Il fallait acquérir le bénéfice de la prescription, qui d'un condamné ne fait pas un innocent, mais qui du moins le déclare libéré vis-à-vis de la justice humaine.

Dix volumes, de grosseur raisonnable, ne nous suffiraient point pour raconter les aventures du baron pendant ses longues pérégrinations en Belgique, en Allemagne, et en Italie, etc...

Il eut des succès de plus d'un genre.

Les cartes et l'amour lui furent également favorables et quelques-unes de ses bonnes fortunes auraient pu être enviées par un honnête homme.

Avons-nous besoin d'ajouter qu'il trouva moyen de vivre grandement partout, non-seulement sans écorner son pécule, mais encore en le grossissant de façon notable.

Le baron fréquentait toutes les villes d'eaux, tous les endroits où l'on joue et où l'on s'amuse. — Sa haute taille, sa bonne mine, sa mise quelque peu hasardée dont le mauvais goût semblait aux étrangers le dernier mot de l'élégance, et surtout son portefeuille amplement garni, — lui tenaient lieu de lettres de recommandation.

En allant et venant, le baron fit parfois quelques incursions dans la bonne compagnie, et, sans y acquérir précisément les manières d'un homme du monde, il y perdit une partie de ses allures d'aventurier; — l'excessive trivialité de son langage s'amoindrit; — enfin, lorsqu'il rentra en France au bout de dix ans, avec sa fortune et sa baronnie, il était méconnaissable au physique et au moral.

L'adolescent s'était transformé en homme mûr et sérieux, — le commissionnaire en marchandises avait fait place au gentilhomme, — bref, Jean-Louis Bonissens lui-même aurait eu peine à retrouver dans le baron de Polart quelque chose du jeune Poulart dont il avait fait jadis son employé et son commensal.

Le baron commença par s'installer à Paris d'une façon confortable et telle qu'il convenait à un personnage aussi important que lui.

Il eut un joli petit entresol rue Taitbout...

Un cheval et un cabriolet...

Un groom.

Il prit ses repas au Café Anglais dont il était voisin, et dans les tables d'hôte de lorettes.

On ne lui connut pas de maîtresse en titre.

Il nous paraît superflu de dire que le baron, habitué à une existence d'activité et d'intrigues, s'ennuya bien vite de la vie complètement oisive qu'il menait depuis sa rentrée en France.

Comme un général qui a conquis tous ses grades sur les champs de bataille, il brûlait de se signaler par de nouveaux exploits... — Sans doute il n'avait jamais cessé de tricher au jeu, mais l'occupation de biseauter des cartes et de préparer des *portées* lui semblait insuffisante pour son ardeur.

D'une autre côté, sa position était trop bonne et trop bien assise pour qu'il pût sans folie la compromettre dans des entreprises hasardeuses.

Il lui fallait à tout prix louvoyer de façon à ne pas attirer sur lui les trop clairvoyants regards du procureur du roi.

La moindre assignation en police correctionnelle aurait suffi pour faire envoler la baronnie et la particule...

Or, Achille, baron de Polart, ne voulait point se retrouver *Poulart* comme devant!...

C'est alors qu'il songea à réaliser une idée magnifique et d'une admirable simplicité qui s'était présentée plus d'une fois à son esprit pendant ses voyages à l'étranger.

Il ne s'agissait de rien moins que de spéculer à coup sûr sur la bêtise et sur la vanité de ses contemporains.

Or, le baron connaissait assez le cœur de l'homme pour savoir à merveille que partout où la vanité trouve son compte, l'avarice elle-même dépense largement et sans compter.

Sur cette clef de voûte, Achille de Polart construisit un double édifice.

D'abord une agence qu'il intitula : *Collège héraldique*.

Puis un second office qui reçut le nom de : *Correspondant des chancelleries européennes*.

Nos lecteurs l'ont deviné déjà, *l'office* et le *collège* étaient tout simplement deux boutiques où se débitaient des produits qui jusqu'alors n'avaient point eu cours dans le commerce.

Le *collège héraldique*, desservi par une demi douzaine de pauvres diables, fruits secs de l'école des Chartres, vendait des parchemins et des généalogies. Le premier bourgeois venu y trouvait au plus juste prix des ancêtres d'une qualité supérieure, — on lui fournissait un blason garanti bon teint, et, pour peu qu'il se montrât disposé à payer les choses selon leur valeur, on lui prouvait clairement à lui-même que l'origine de sa maison se perdait dans la nuit des temps mérovingiens.

Tout ceci se faisait avec une habileté si grande que le bourgeois s'en allait ravi et convaincu de sa propre noblesse.

Un comptoir particulier du Collège héraldique s'occupait spécialement de l'article : *portraits de famille*.

On trouvait là, sans cesse, une collection variée et nombreuse d'ancêtres de toutes les catégories, sur toiles bien authentiquement éraillées, dans des cadres bien incontestablement dédorés.

On pouvait, à prix débattus, y faire emplette d'un trisaïeul cuirassé d'acier et le bâton de commandement à la main, ou revêtu de la robe rouge des premiers présidents au parlement, selon qu'on éprouvait le besoin d'appartenir à une famille de robe ou d'épée.

Un peintre attaché à l'établissement peignait séance te-

[...] des angles du tableau, les armoiries de l'ac[adémie ?]

Un simple gentilhomme se vendait vingt-cinq louis.
Un conseiller mille francs.
Un premier président, quinze cents.
Un maréchal de France allait jusqu'à deux mille.
Franchement, il nous semble que cela n'était pas cher, et beaucoup de gens se montraient de notre avis.

Deux commis voyageurs intelligents couraient la province pour le compte du baron de Polart, achetant partout les vieilles toiles et les cadres antiques relégués au grenier par leurs possesseurs, — toiles et cadres que le comptoir du *Collége héraldique* revendait infailliblement à mille pour cent de bénéfice.

On voit que la spéculation était bonne.

Les résultats de l'office : le *Correspondant des chancelleries européennes*, se montraient plus brillants encore et plus lucratifs, ce qui s'explique facilement car le *Correspondant* mettait un prix insensé à ses services, et encore se faisait-il prier pour les rendre.

Le *Collége héraldique* vendait de la noblesse, — le *Correspondant* vendait des titres et des décorations.

Le baron de Polart s'était mis en relation à l'étranger avec les chancelleries de quelques-uns de ces petits États dont le trafic des décorations jaunes ou bleues alimente en partie le maigre budget, et, traitant avec eux pour des quantités considérables de brevets, il obtenait un rabais énorme, — sans compter qu'il revendait cinq ou six mille francs ce qu'il avait acheté cent écus.

Il nous semble inutile d'entrer dans de plus amples détails au sujet de ces étranges industries.

De récents et bruyants procès ont enfin démoli, au milieu des huées, ces édifices si solidement bâtis jadis et qui semblaient indestructibles.

A notre personnage doit revenir toute la gloire légitime d'une spécialité de filouterie qui eut ses jours de splendeur.

Le malheureux prince de Gonzague, — l'infortuné comte de Romanini, et *tutti-quanti*, ne furent que les imitateurs, les plagiaires de la grande idée du baron de Polart.

Ce dernier reçut un jour la visite d'un journaliste déjà très décoré et qui voulait l'être plus encore, mais qui tenait beaucoup à ne pas payer pour cela.

A la demande, formulée en des termes fort nets, le baron de Polart répondit :

— Nous pourrons nous entendre... — faisons un échange, je vous donnerai des aunes de ruban de toutes les couleurs, vous me prêterez votre influence... cela vous va-t-il ?
— Touchez-là, ça me va... — Que pouvez-vous désirer ?
— Que pouvez-vous m'offrir ?
— Voulez-vous des concessions de terrain en Algérie ?
— C'est une idée ! — j'accepte...

Le lendemain, le baron de Polart était conduit par le journaliste au ministère des affaires étrangères.

Au bout d'un mois, il recevait l'avis qu'une concession de grande importance lui était accordée.

Sur l'adresse de la lettre officielle le titre de BARON s'épanouissait en magnifiques caractères.

Le fils du portier de la rue Vieille-du-Temple se frotta les mains.

— Ceci, — pensa-t-il, — est un titre de noblesse au moins aussi sérieux que ceux que je vends... et il ne me coûte rien... au contraire...

Trois jours après il se mettait en route pour Toulon, afin de s'embarquer sur un bâtiment en partance pour Alger, et d'aller visiter ses concessions.

A Toulon il descendit à l'hôtel de la *Marine Royale* et Il à table d'hôte la connaissance de Siméon Simonis qui le présenta au *Cercle du commerce et des arts*.

Nous savons le reste.

FIN DE LA TROISIÈME SÉRIE.

Sceaux — Typographie de E. Dépée.

www.ingramcontent.com/pod-product-compliance
Lightning Source LLC
LaVergne TN
LVHW022211080426
835511LV00008B/1707